自分の心と気持ちを整えた

心からの接遇

改訂新版

個人ではなく組織として対応すべき
［ハラスメント］　加筆・解説

人とメディケア研究所
箕輪由紀子
Yukiko Minowa

はじめに

皆さんは、「接遇」という言葉から、どのようなことを思い浮かべますか？

接客、おもてなし、ホスピタリティ、マナー……そのような言葉が浮かんでくると思います。そして、「接遇」が大切なのは業界を問わず仕事では必須であること、さらには、人と人が接するときにも実は大切だということです。「言われなくてもわかっています」という方が多いかもしれませんね。

私が接遇研修をおこなうときに最初にお話するのは、「気づく→わかる→できる」ということです。気づいているから勉強会に参加している。そこで話を聞けば、わかった（気になる）。しかし、それだけでは相手には思いや気持ちは通じないのです。行動に移せるようになって、はじめて相手に伝わります。

では、「接遇はなぜ必要か？」について考えてみましょう。

私は以前、病院・老人保健施設・特別養護老人ホーム・訪問看護・介護・グループホームなど約１１０の事業の運営支援をしている「戸田中央医科グループ」（ＴＭＧ）

本部人事部で教育研修インストラクターをしていました。

私が入職したきっかけは、元ＪＡＬの客室乗務員で、訓練部での教官経験もあったことから病院職員に接遇研修をしてほしいという、ＴＭＧ本部の会長や当時の総局長の要望でした。ＪＡＬを退職後に3年半ほど病院の受付をしていたことも、病院での接遇研修をするうえで、いい経験となりました。

ここで、航空会社での「接遇」について考えてみます。

航空会社の客室乗務員というと、サービス業だし、そもそも接客、おもてなしが仕事でしょとお考えになるでしょうが、実は客室乗務員の第一義的な任務は、救命・保安要員つまり「乗客の安全を守る」ことです。それでも到着地まで快適な空の旅をお楽しみいただくためには、当然「接遇」が必要であり、またお客さまにはさまざまな方がいらっしゃいますので、考えている型どおり、マニュアルどおりとはいかないこともあります。

その点に対処するためには、「接遇」の基本的なことを理解し、相手の欲することを想像し、気持ちを汲み取ることが大切です。そして、「またJALに乗りたい」「サービスが良かったから誰かに勧めたい」と思っていただけるように、客室乗務員はお客さまに接しています。

まず大事にしているのは、「第一印象の大切さ」です。人の第一印象が決まるまでに要する時間は諸説ありますが、実際は一瞬ではないでしょうか。パッと見た瞬間に、笑顔を浮かべた優しい表情、整った髪、清潔感のあるお化粧、シワのない制服、磨かれた靴、背筋を伸ばし手と足がそろっている立ち姿勢など、表情や身だしなみ、立ち居振る舞いで第一印象が決まります。

第一印象を変えるには、よほどのことがないと難しいものです。ご搭乗時の乗務員の第一印象は、その後のフライト中の良好な関係のためにもとても重要なのです。

良い第一印象を得ていただいた次に大切なのは、話し方と言葉づかいです。ハキハキとしながらやわらかい話し方、声のトーン、スピード、そして敬語をはじめ相手に不快な感じを与えない言葉づかいができるかも大事なポイントです。

航空業界と医療界は、全く違う業界ですが、「接遇」に関しては実は違いはありません。「心からの接遇」が求められるのは、どのような業界も同じです。

今回の『改訂新版』の発行にあたり、昨今では喫緊の課題でもある「ハラスメント」について加筆・解説して、「病院接遇」については割愛しました。

第四章「ハラスメント防止は必要不可欠」の冒頭でも述べましたが、心からの接遇を実践するのに、なぜハラスメントについて言及するのか？　それはお客さまをはじめ、対外的に相手の方を思い、おもてなしの心を込めて応対するにはまず、「自分の心や気持ちが整っていることが大切です」ということになります

ハラスメント問題は、個人の問題だけでなく組織で取り組まなければならない問題だからです。

「接遇」について詳しく学びたい方、興味をお持ちの方、おもてなしの気持ちを伝えたい方、ホスピタリティを実践したい方など、すでに社会人として活躍されている方はもちろん、新社会人となられた方にも、本書がお役に立てれば幸いです。

２０２４年９月

箕輪　由紀子

◆目次◆

第2章　社会人としてぜひ身につけたいマナー

第3章　心からの言葉を素直に伝える

第5章 ハラスメントの〝怒り〟について

第6章　チームワークの重要性

第1章

社会人として大切な意識

学生と社会人の違い

「学生と社会人の違いとは何か？」を考えてみましょう。いろいろな切り口がありますが、筆者が行う新人研修では、次の7つの項目で学校、職場ではそれぞれどう思うかを、まず個人で考えます。

1. 目的（本分）、2. 行動の特徴、3. 責任、4. 評価、5. 収入（生活）、6. 人間関係、7. 時間

（1）顧客意識～満足してもらう

一般企業では、お客さまに直接対応する部署、例えば営業、管理の場合は、当然ながらお客さまに満足していただき、購買していただくことで利益が生まれるという流れになります。

病院での顧客は患者さまです。病院が職員に給料を払えるのは、患者さまがいらっしゃるからです。では、それをどのように行動に表せばいいでしょうか？

それは、お客さま、患者さまに直接接する部署では、「いつも見られている」「聞かれている」と意識することです。

来社されたお客さまとすれ違った際に社員が挨拶もしないのは言語道断ですが、そのときにどのような印象を得てお帰りいただくかが、その後の商談に影響することも十分に考えられます。

病院の場合は、本来顧客である患者さまでも、病気やケガで来院しているので、医師をはじめスタッフと立場が逆転しているのでは？　と思うことがあります。

確かに、患者さま＝お客さまとは違いますが、普段から職員はその意識を持っていないと、表情・言葉づかい・態度により、よくない印象を与えてしまうことがあります。そこを意識すると、第2章で学ぶマナーの大切さが自ずとわかってくるはずです。

(2) 協調意識～周りの人と協力する

仕事は一人でしているわけではありません。周りの人と協力して進めなければいけないことがたくさんあります。そのためには、各自が自分の役割をきちんと果たし、チームに貢献できるようにすることが大切です。

航空会社の場合、客室乗務員はお客さまと直接接しますが、お客さまが飛行機に搭乗されるまで、また到着して飛行機を降りられるまでを考えると、たくさんの職種のスタッフが関わっています。

病院でも同じことです。特に最近では、「チーム医療」という言葉が定着しているように、一人の患者さまのために多職種の人間が協力して治療にあたります。周りの人と協力していくためには、お互いに信頼関係を築くことが大事です。

信頼関係を築くには、常日頃から笑顔で挨拶を交わす、相手を尊重する言葉づかいをする、必要な課題は「報告・連絡・相談」するなど、当たり前のことを当たり前にすることです。

困ったときに助けていただけるかどうかも、日頃の人間関係が大きくかかわってきます。

（3）改善意識～自分自身で工夫する

業務改善を提案して、無駄を省き生産性を上げるには、どうするか？——という改善意識ではなく、ここでは新人としての改善意識ととらえます。自分の業務に関する小さな一歩を考えてみるのです。

どうしたら、より正確に、早く、無駄なく仕事ができるか・・・。日常のちょっとした工夫が、仕事をより良くしていくことにつながります。たとえば、入社１か月目には、１時間かかっていた資料作成を、３か月後には10分短縮できて50分でできるようになるには、どうしたらいいか、を考えながら取り組むのです。

自分で工夫して少しずつ改善していくことが本書での趣旨です。

（4）コスト意識～「時間は命だ」と考える

コストとは、人件費や諸々かかる費用のことです。光熱費、電話代、事務用品など身近なことから節約するというのはわかりやすいですが、もう少し違う方向からも考えてみましょう。
「目の前のことに、どのようなコストが発生しているのかを常に想像して意識する」と考えると、違うことが見えてきます。たとえば、わからないことを先輩に質問をすると先輩は教えてくれます。その場合にも先輩に賃金は支払われますし、もちろん質問している新人にも支払われます。その結果、先輩自身の業務が時間内に終わらず、残業となれば残業代も支払われます。

このようなことを意識すると、いかに周囲の手をわずらわせずに、一人前に仕事ができるようになるかを考えることになります。

そのためには、次のことを意識付けすることが大切です。

1. 自分が仕事をしていて、どのようなコストが発生しているのか
2. 自分は、誰の時間をどれだけ奪っているのか
3. それに対して、自分はふさわしい対価を払っているのか

このことを意識していると、周囲に対して「感謝の気持ち」が出てきます。

私の師匠である元ザ・リッツカールトンホテル日本支社長の高野登氏には何度も、「時間は命だ」という言葉をご教示いただきました。人の時間を奪うのは、命を奪うに等しいという意味です。コスト意識というのは、謙虚に感謝の気持ちをもつことにもつながるのかもしれません。

（５）目標意識～考える習慣をもつ

仕事には目標があります。何をいつまでに、どの程度、どんな方法でおこなえば、確実に目標が達成できるかを、まず考える習慣をつけましょう。仕事に慣れてくると、部署の目標、支店や会社の目標の中での自分の目標を決めていくことになります。

ここで、目標管理について詳しくみていきましょう。

目標管理は、１９５０年代から60年代にかけて、経営学者ピーター・ドラッカーが提唱し、「目標（と自己統制）による管理（ＭＢＯ：Management By Objectives（and Self Control））」と呼ばれています。

目標管理といっても、目標を管理するのではなく、一人ひとりが自ら目標を立て、創意工夫をして組織目標を分担して達成していくことです。

目標管理をおこなう6つの理由

1．仕事に対する意欲と満足度が向上する

自ら目標を設定し、自分で管理しながら仕事をすることで、仕事に対する「意欲」と「満足度」が高まります。

2．仕事の達成に対する使命感を醸成することができる

仕事の達成に対して、具体的な進め方や実行段階の管理を自分自身で実施するため、自ら目標達成をよく考え、目標に執着して自発的に行動する習慣がつきます。

3．自らの仕事の目的と成果を考えるスキルを身につけることができる

最後にどんな結果を得る、どこまでする、という目標を、自ら立てるスキルが身につきます。

4．一人ひとりが創意工夫する習慣が身につく

自分で立てた目標を自分が達成するために努力することが必要ですから、いろいろ考え、創意工夫して仕事をする習慣がつきます。

5．上司と部下で仕事に関して対話の習慣が身につく

組織の「全体目標」と自らの「目標」との整合性を取るため、上司との徹底的な対話をおこなう必要があり、上司と部下の対話の習慣が生まれます。

6．管理者の負担が減る

組織、上司から見れば、一人ひとりに仕事を任せることで、組織全体が意欲的に仕事に取り組むことになり、組織全体の効率が上がります。また、一人ひとりが自分で自分を管理することで、最終的には管理者の負担も減ることになります。

（6）安全意識～コンプライアンスと自己管理

安全意識には、２つあります。

１つ目は、重要書類や会社などの機密、個人情報に関わる書類等の取り扱いには十分注意することです。個人情報が漏洩したと、ときどき報道されます。それにより、知らないところで個人が迷惑を被ることが考えられます。

病院でも患者さま情報が入ったＵＳＢを紛失したというニュースなどを聞いたこと

がありますが、病院に大変な損害を与えるだけではなく、患者さまにも多大なご迷惑がかかるのは当然のことです。

コンプライアンスとは、「法令順守」のことです。

法律や社会のルール、就業規則、社内規定、企業倫理、道徳規範に反することなく公正に業務を遂行しなければならないということです。日本では2000年以降に企業の不祥事が相次いだことから、コンプライアンスが重要視されるようになりました。

個人的には、SNS（ブログ、Twitter、Facebook、電子掲示板など）での発言や投稿内容、就業時間外の言動や振る舞いに気をつけて行動しましょう。

企業のコンプライアンス違反には、「粉飾決算」「脱税」「横領」「談合」「個人情報流出」「産地や性能の偽装」「リコール隠し」「過労死」「賃金不払い」「出資法違反」などさまざまなことがあります。

逆にコンプライアンスをきちんと運用できている企業は、「優秀な企業」「信頼できる企業」とみなされます。コンプライアンス体制の構築は、法令順守に対する社員の意識を高めるだけでなく、不正に対する社内チェックを強化することで、不正をしづらくする環境と風土を確立することになるからです。

そのような企業は、消費者や取引先から高い信頼を得、業績向上やブランド価値の向上、株価の安定など企業全体の質や価値の向上につながります。

安全意識の２つ目は、自分の生活リズムを把握し、健康管理に留意することです。

私の客室乗務員時代は、時差や長時間の徹夜フライトにより昼夜逆転したり、海外滞在時にフライト前に十分な睡眠が取れないなどの問題がありましたが、そこはプロ意識でお客さまの前では何事もなかったように振る舞っていたのが懐かしく思い出されます。

病院では、さまざまな職種で夜勤がありますので、健康管理には特に留意しなければなりません。

第2章

社会人としてぜひ身につけたいマナー

マナーとは相手を思いやる想像力

おもてなしの気持ちをもっていても、気持ちや心は見えません。その気持ちを相手に伝えるために必要なのがマナーです。

マナーというと、礼儀作法と思う方もいらっしゃるでしょうが、相手に不快な思いをさせないために必要なこと、相手に良い印象をもっていただくために気をつける立ち居振る舞いと考えれば、堅苦しくて面倒なことと思いがちな礼儀作法とは、少し違います。

「マナーとは想像力である」、これはイギリスの女性作家の言葉です。

『マナーというのは、儀礼的な決まりごとを覚えて頑なに守るのが「良いマナー」ではない。いかに相手に嫌な思いをさせないか、心地よく感じて過ごしてもらえるか。

それらを「相手を思いやる気持ち」で、どこまで考えられるか、どこまで実行できるか、それが「良いマナー」である』

その例として、エリザベス女王の逸話を挙げています。

『エリザベス女王の晩餐会に出席したアフリカの王族が、フィンガーボウルの水を飲んだ。周囲の人は「あっ！」と思ったが、エリザベス女王は自分も同じようにフィンガーボウルの水を飲み干した。その振る舞いにより、その場の雰囲気が壊れることはなく、アフリカの王族も恥をかくことがなかった』という実話です。

フィンガーボウルの水を飲むのはテーブルマナーとしては違反です。しかしエリザベス女王は、相手を思いやり恥をかかすことがないようにと考え行動なさいました。その心づかいこそが相手に対する思いやりであり、「良いマナー」と言えます。

相手がこうされたら「うれしい」と思うだろうことを考えて実行に移すためには、「想像力」が必要です。「想像力」を発揮するには、まず「気くばり力」が必要ですが、これは持って生まれた才能ではありません。生まれつき気の利く人ではなく、自分の努力で後から身につけられるものです。

「気くばり力」を身につけるためには、どれだけ相手のことを考えてシミュレートするかに尽きます。相手を思いやる優しい気持ちを育てるために「気くばり力」も身につけましょう。

相手のためにと思い「良いサービスをしたい」「あなたのためによりふさわしい商品をお勧めしたい」と思っても、第一印象が悪いと「あなたが担当では嫌だ」「あなたからは買いたくない」と思われてしまいます。

病院で例えると、仕事がとてもできるが身だしなみに清潔さが感じられない、表情が怖い、言葉づかいはひどい、この看護師。新人で仕事はまだまだだが、清潔感を抱かせる身だしなみ、にっこりと優しさを感じる表情、丁寧な言葉づかいの看護師。患者さまはどちらに担当してほしいと思うでしょうか。せっかく患者さまのために、と思っても仕事の実力を発揮する前に、残念な結果になってしまいます。

「仕事力」の前に、まず「人間力」を鍛えましょう。その基礎が、適切なマナーを身につけることです。本章では、どのような分野でも、「あなたがいい」と言っていただけるように基本をお伝えいたします。

また、「あなたがいい」と相手に思っていただくうえで大切なことは、マナーができているかどうかを判断するのは相手の方だということです。

「私はできています」ではなく、人がどう判断するかということです。

個人の振る舞いが組織の信頼感につながる

・一人ひとりがその組織の代表
・コミュニケーションの潤滑油
・きちんとしたマナーにより、仕事の不安が自信になる
・苦情の発生防止
以上の４つのマナーの重要性は、私が新人研修のときに伝えていることです。

まず、「一人ひとりがその組織の代表」とは、お店でも、病院でも、営業で他社に行った場合でも、接客したあなた、担当したあなた、営業をしたあなたの応対で、会

社や組織が判断されるということです。つまり、個人のイメージが組織のイメージとなり、信頼感につながるのです。

「コミュニケーションの潤滑油」は、お客さまのみならず、一緒に働く仲間との間でも当てはまります。何かのときに助けたいと思う人はどのような人かを想像すればおわかりになりますね。

「きちんとしたマナーにより、不安が自信になる」を、新人が配属先に初めて出社するとき、おそらく不安でいっぱい、というケースで考えます。

そんなときにこそ大きな声で元気よく「おはようございます今度こちらに配属された箕輪由紀子です。よろしくお願いします」と挨拶すれば、先輩方は「元気がいいわね、よろしく、一緒にがんばりましょうね」などと応えてくれることでしょう。

そうなると、不安がいつの間にか、「ああ、ここに入ってよかった。がんばれそう」と、自信に変わるというのが一つの例です。

「苦情の発生防止」は、言わずもがなです。たとえば、医療界での苦情やクレームの50％は、職員の応対に関することです。一人一人が、適切なマナーで応対すれば、多大なる時間とエネルギーを使う苦情・クレーム対応が大幅に減少するということです。

マナーの重要性の次は、**マナーの5つの要素**について具体的にご説明します。

この5つのことがきちんとできていると相手が判断すれば、好印象を抱いていただき、お話を聞いてくださる、情報を教えてくださる、商品を買ってくださるなど、基本的な要素です。

マナーの5つの要素とは、**(1)挨拶、(2)表情、(3)身だしなみ、(4)言葉づかい、(5)立ち居振る舞い**のことです。

(1)挨拶～お互いを認め合う

まず、**「挨拶」**の意味を考えてみましょう。

挨拶とは、「人間関係の始まり」「コミュニケーションの第一歩」です。初対面の方とお会いしたときに、挨拶から人間関係が始まるのはもちろんのこと、日々顔を合わせる職場の方々や、家族でも挨拶することで、コミュニケーションが生まれます。

家族間で挨拶がないのに、毎日家庭内が明るく楽しくて、なんでも話せるなどということは、まずないでしょう。

次に挨拶の意味として、**「存在認知」**があります。これは、「あなたのことを認めています」という気持ちと、「私を認めてください」という要望の2つの意味があります。「あなたを認めています」ということは、接客業では当たり前ですが、それ以外でも本来はそう考えるべきです。

たとえば、コピー機の修理に来ていただいている人に対して挨拶していますか？残念ながら以前の職場でもしていない人もいました。私が「こんにちは、ありがとうございます」と声をかけると、相手の人は一瞬とまどいの表情を浮かべてもすぐに、うれしそうな表情で「こんにちは」と返してくれます。

作業をしていただいているのに、声もかけずに前を通りかかるのは、その人の存在を無視していることにならないでしょうか。

「私を認めてください」は、病院での例を挙げてみます。

新人のリハビリテーション科の職員が、入職してしばらくすると、ある壁にぶつかります。それは、入院患者さまをリハビリのために病棟にお迎えに行くときに、患者さまについての情報を知りたいこと伝えたいことがあっても、「ナースステーションの看護師さんたちが忙しそうで話しかけられない」ということです。

入職半年後におこなう研修で、毎年のように相談を受けます。ここで彼らに「ナースステーションの前を通るときに挨拶をしていますか？」と尋ねると、まず「はい」という返事はありません。

こんなときの私のアドバイスは、「では、明日から、『ＰＴ（理学療法士）の鈴木です。今から佐藤さんのリハビリです』と、挨拶をしましょう」だけです。

新人は、顔と名前を多くの人に早く覚えていただくためにも挨拶はとても重要です。

(2) 表情〜笑顔にはたくさんの効能がある

「あの人は、第一印象は良くないけれど、付き合ってみると案外いい人ね」、よく聞く話です。でも、お客さま、患者さまの応対は時間をかけてお互いのことをよく知ったうえで始めるわけではありません。

第一印象を決める大きな要素に「表情」があります。自分で意識をしていないと、気づかぬうちに人に不快感を与えている場合があります。

無意識のときの表情で思い出すのが、友人と旅行に行ったときのことです。お風呂から出てきた友人に「由紀ちゃん、どうしたの?」と声をかけられました。なんでそんなことを聞くのかしらと思いながら、「えっ、なんで? 別になにもないよ。ボーっとしていた」と答えた私に彼女は、「今ね、なんとも言えない表情だったよ。怒っているとも違う、不機嫌とも違う、でも少なくとも良い印象ではなかったな」と正直に答えてくれました。

私はドキッとしました。これが普段研修で話している私の姿なのか、と。このとき以来、無意識ほど怖いものはないと気をつけるようにしています。実は、「いい表情」や「いい笑顔」は、意識をして初めてできるものなのです。

ここで、「笑顔」の効能を考えてみましょう。

二人の偉人の言葉を紹介します。

『幸福論』の著者、フランスの哲学者アランの「**幸福だから笑うのではない。笑うから幸福なのだ**」という言葉。また、ダーウィンは140年前に以下の仮説を立てています。

「笑顔というのは気分が良いときに出るだけではなく、微笑むという行動そのものが、気分を向上させる効果を持つ」

特別な場合以外は、笑顔の人を見て悪い印象を受けたり、嫌な表情だと思う人はほとんどいないでしょう。

ペンシルバニア州立大学の実験では、笑顔の人は穏やかで、いい雰囲気を表出し、有能そうな印象すら得るという結果が出ています。日常でも、笑顔でいると相手に安心感を与え、不安感を取り除きます。そうすると、相手も話しやすくなり、円滑なコミュニケーションが取りやすくなります。

一般的にも、コミュニケーションがなめらかになると、何か問題があっても事が大きくなる前に話ができ、業務の進行もスムーズになります。リスクマネジメントなどにも効果的に生かすことができます。

周りの人との人間関係が良くなると、情報が集まりやすくなります。また、笑顔で接すると、相手の方への印象が良くなり、話すこともポジティブに受け止めてくれま考えられます。

す。その結果、人間関係でストレスを感じることも少なくなり、業務効率も上がると

●良い表情のポイントは、

1）目じりが下がり気味になる

2）口の両端（口角）が上がる

3）相手の目をやさしく見る（アイコンタクト）

●良い表情になる訓練をしてみましょう。

1）大きく口を開けて「ア」の形をつくる。

2）次に鼻先が動くくらいく「オ」の形をつくる。

3）「ア」→「オ」を5回繰り返す。

4）大きく口を横に広げて「イ」の形をつくる。

5）次に思いきり口をすぼめて突き出し「ウ」の形をつくる。

6）1〜3と同じ方法で、「イ」→「ウ」を5回繰り返す。

7）最後に「ウィスキー大好き〜」と3回言う。

「イ」で終わると口角が上がります。

「ハッピー」「ラッキー」「うれしい」などポジティブな言葉で練習しましょう。ディズニーリゾートのキャラクターの名前で、「ミッキー」「ミニー」「ダッフィー」「グーフィー」など「イ」で終わるものが多いのは偶然ではないでしょう。

少しいたずらっ子の「ドナルド」は、口がとがります。子どもたちが隠れミッキーを見つけて、「ミッキー」「ミッキー」と、自然と口角が上がり笑顔があふれます。

ここで、ひとつアドバイスです。子どもの頃、写真を撮るときには「はいチーズ！」とよく言われました。しかし、最後が「ウ」です。「オ」と同じく、口がとがります。

ではなぜ「チーズ」なのか。これは、元々は英語圏の人が「Say cheese」と言っていたのを日本人が真似したからです。

英語は母音を発音しませんが、日本語は母音の言葉です。英語だと、「チー」で終わる感じですが、日本語では「チーズ」とはっきり最後まで言うので違いが出るわけです。研修では「チーズと言われたら、チーでとめると人一倍笑顔が違います」と伝えています。

感謝の気持ち、謝罪の思いもそれにふさわしい表情をしないと相手には伝わりません。表情は自分の努力次第、気持ち次第で変わり、数年後の私たちに大きな変化をもたらします。表情を意識するだけで、良い印象をもっていただけます。

(3) 身だしなみ～不快感を与えない

表情と同じく第一印象を決める要素のひとつに、身だしなみがあります。新人研修で最初に「身だしなみとおしゃれの違い」をグループで話してもらいます。全員が違いはわかっていますが、実際は?? という受講生がいます。

身だしなみとは、周りの人に不快感を与えないようにすること、相手やTPOに合った違和感のない装いや、身の回りの手入れに気をくばることなどと一般的に定義されています。周りの人に不快感を与えないというのは、一見簡単そうですが、実行するのは意外と難しいようです。

周りの人が同年齢の人だけならばあまり問題がなさそうですが、医療・介護の現場では、高齢の方が多いので、認識の違いが出てきます。

医療関係では、職員の身だしなみに神経が行き届かないということで、見えないところで清潔さへの手抜きをしているのではないか？　医療ミスは大丈夫？　と、職員の身だしなみが不信感や不安感を与えることも考えられます。逆にきちんとした身だしなみは、相手に安心感や信頼感を与えることができます。

一般的にも、仕事に取り組む姿勢、清潔さ、品格にもつながり、人柄や仕事の実力を身だしなみで判断されることもあります。身だしなみがいつもだらしなく、相手に不快感を与えているようでは、仕事にたずさわる姿勢を疑われてしまいます。本人はとてもやる気があっても、そうは判断されないでしょう。

「見た目で判断されたくない」と思っても、人は外見を手がかりとしてその人に関する情報を得て、どのように接するかを探ります。それならば最初から中身と外見を一致させておきましょう。

〈基本的な身だしなみのポイント〉を挙げます。

◆男性の服装

・スーツ、シャツはプレスされていてシワはないか。
・襟ぐり、袖ぐりに汚れはないか。
・洋服のサイズは合っているか。
・ビジネスに合った靴下か（白い靴下やアンクルソックスは不適切）。
・靴はオーソドックスでビジネスにふさわしいか。
・靴は汚れていないか。
・ネクタイはシンプルなデザインでゆるみはないか。

◆男性の髪の毛、スキンケアなど

・髪は洗髪して整えられているか。
・髭の剃り残しはないか。
・爪は整えられているか。
・アルコール臭、タバコ臭、口臭はないか。
・顔が脂でテカテカしていないか。

◆女性の服装

・基本的なデザインのスーツ、シャツであるか。
・スーツの色は、黒、紺、ベージュ、グレー、白など定番カラーであるか。
・洋服のサイズは合っているか。
・靴は磨かれているか。
・靴はシンプルなパンプスであるか。
・ストッキングは肌色で無地であるか。

◆女性のヘアスタイル

・仕事の邪魔にならないか。
・顔が隠れて暗い印象になっていないか。
・ヘアカラーは規定があれば準じているか。

◆女性のアクセサリー

・あまり目立たなく控えめであるか。
・大きすぎないか。
・アクセサリー同士で音が鳴らないか。

◆女性のメイク

・ビジネスにふさわしいナチュラルメイクか。
・アイメイクは控えめであるか。
・不自然なマスカラ、エクステンション、つけまつ毛ではないか。
・ノーメイクではないか。

身だしなみは、ビジネススキルのひとつと言えます。仕事をする相手に好印象を与えるのが、ビジネスで成功する第一歩です。身だしなみの基準は、業種・業態・部署・社風などで異なります。まずは社内規定を再確認なさってはいかがでしょうか。

（４）言葉づかい〜適切な敬語を使う

「令和」の新元号で話題になった「万葉集」の中に、「やまとは言霊の幸はふ（さきわう）国」という一節が出てきます。「言葉に宿っている不思議な力の働きによって、幸福をもたらす国」という意味です。

古代から日本人は言葉に対して特別な思いがあったようです。言葉づかいは心づかいと言われるのは、その思いからきているのかもしれません。

相手に対しての尊敬の気持ちや優しい気持ちは、おざなりな言葉、適当な言葉ではなく、相手やその場にふさわしい適切な言葉を使わないと相手に伝わりません。

また、ビジネスでは間違いだらけの敬語を使っているようでは、社会人として信頼されないでしょう。せっかくの素晴らしいアイデアや企画も、日頃の言葉づかいのせいで、聞いてもらうチャンスも得られなければ、もったいないことです。

ここでマザー・テレサの言葉を紹介します。

・思考に気をつけなさい、それはいつか言葉になるから。
・言葉に気をつけなさい、それはいつか行動になるから。
・行動に気をつけなさい、それはいつか習慣になるから。
・習慣に気をつけなさい、それはいつか性格になるから。
・性格に気をつけなさい、それはいつかあなたの運命になるから。

ひょっとして思ったことをそのまま言葉に出して、人間関係で失敗したことはありませんか？　不注意なひと言で、友人とぎくしゃくした、それまでうまくいっていた取引先の担当者の態度が変わったなどです。

言った本人には自覚がなくても、ときとして相手に失礼な言葉づかいをしている、不愉快な思いをさせる言葉づかいをしているかもしれません。

敬語は、現実に存在している年齢・地位・立場などの違いを調節する「調和語」ですので、職場のみならず社会生活を営むうえでも使いこなすことが必要です。

上司に対して、「さっきのプレゼン良かったっすね、さすが課長」、「これからA社に行きますが、部長もご一緒に参られますか？」などと言ったら、上司には訪問先には同行させてもらえないどころか、「電話に出るな！」と言われるかもしれません。

新人研修をしていると、学生から社会人となって、最も難しいのが言葉づかい、特に適切な敬語の使い方という声がよく聞こえてきます。

また、アンケートにも「今まで間違った敬語を使っていた」との記載も多いです。

就活のときに付け焼刃で身につけた面接のための敬語では、実際のビジネスの場で自然な会話をするには十分ではないということです。

言葉は「慣れ」ですので、普段から自分が話す言葉を意識して、ときには誰かに指摘してもらうなどしていると、自然と社会人として適切な言葉づかいが身につきます。

基本的な敬語～敬語の種類～

文化審議会が２００７年２月２日に「敬語の指針」の答申を提出したことで、それまでは３種類だった敬語が、５種類とされました。しかしながら、ビジネスでの敬語では、その後数年間でまた３種類の説明に戻っています。

１）尊敬語

相手の動作・状態・性質・所有物に対し敬意を表すための言葉です。

２）謙譲語

敬意の対象となる相手に対し、自分をへりくだって謙虚さを表す言葉です。

3）丁寧語

物事を丁寧に表現することにより、相手に柔らかい感じを与える言葉です。

それぞれ具体的に説明します。

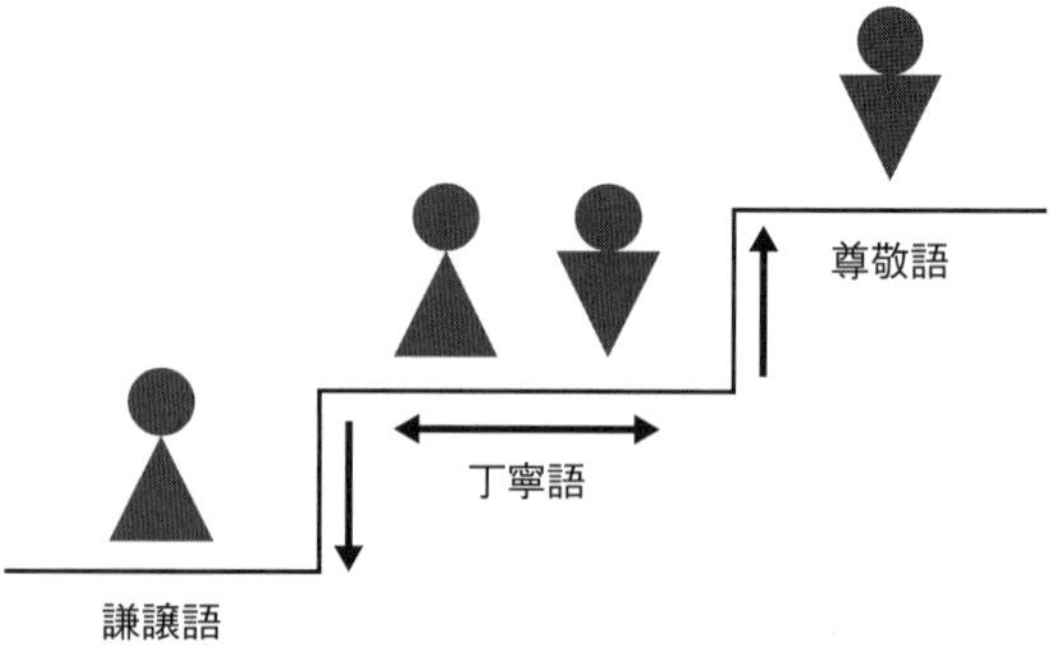

1）尊敬語

①別の言葉に置き換える

例）おっしゃる、いらっしゃる

②「お（ご）～になる」型

例）お帰りになる、お待ちになる

③「れる」「られる」型

例）話される、来られる

＊尊敬語は、この順番で敬意の高さが表されます。

最も高いのが、別の言葉に置き換えると、こうなります。もちろん、別の言葉に置き換えるのがない場合は、「お（ご）～になる」と、なります。

「れる」「られる」は、尊敬の意味の他に、可能の意味があります。

例）「次は、いつ来られますか？」と、言われると、尊敬語というよりも、「いつ来ることができますか？」という意味に捉えることが多いと思います。

2）謙譲語

①別の言葉に置き換える

例）申す、参る

②「お（ご）～する（いたす）」型

例）ご案内いたします

③「お（ご）～いただく」型

例）お読みいただく

3）丁寧語

①「です」型

例）今日は月曜日です

②「ます」型

例）説明書があります

③「ございます」型

例）あちらにエレベーターがございます

用語	尊敬語	謙譲語	丁寧語
聞く	お聞きになる 聞かれる	拝聴する 伺う お聞きする	聞きます
言う	おっしゃる 言われる	申し上げる 申す	言います
見る	ご覧になる 見られる	拝見する	見ます
する	なさる される	いたす	します
行く	いらっしゃる 行かれる	参る 伺う	行きます
来る	おいでになる お越しになる おみえになる いらっしゃる 来られる	参る	来ます
いる	いらっしゃる	おる	います
食べる	召し上がる	いただく	食べます
会う	お会いになる	お会いする おめにかかる	会います

クッション言葉

会話の中に使うことで表現をやわらげる効果のある言葉を、クッション言葉といいます。特に、お客さま・患者さま・上司に対して依頼をするときや、相手のご意向に添えないときに意識して使うと、少々きつい表現もソフトな印象に変わります。

・恐れ入りますが・お手数ですが・あいにく
・ご面倒ですがよろしければ・失礼ですが
・お差支えなければ・申し訳ございませんが
・ご足労ですが・ご存知のことと思いますが

否定形は肯定的に

否定や断りの表現は、語調によってはきつい感じを与えることがあります。

・○○できません→○○いたしかねます
・わかりません→わかりかねます

指示・命令形は依頼形に

指示や命令の表現は、依頼する表現に言い換えができます。

・〇〇ください→〇〇いただけますか

・お待ちください→お待ちいただけますか

忙しいときに、優しく「お待ちください」とは、なかなか言えないものです。また、依頼形にすると、相手に選択権が得られることがあります。

「時間がないからまたでいいか」と思っても、「お待ちください」と言われると、「あっ、はい」となりかねません。

マイナス・プラス法を利用

マイナスの内容とプラスの内容を伝える場合には、マイナスを先に伝え、プラスを後にします。後に伝えたほうが記憶に残りやすいのです（心理学での親近効果）。

・この薬はよく効くのですが、高いです→この薬は高いですが、よく効きます

（5）立ち居振る舞い～内面の美しさと「形」の美しさ

立ち居振る舞いとは、「立ち居」と「振る舞い」が合わさった語で、「立ち居」は、立ったり座ったりすることで、「振る舞い」は、動作・行動・仕草のことです。「形」の美しさだけではなく、内面的な美しさも備わっていることで、「本当の美しい立ち居振る舞い」となります。日頃から意識していないと、すぐに実践するのは難しいので、常に見られていると意識しましょう。

立ち姿勢

・背筋を伸ばして胸を張っているか。
・あごを少し引き、前方を見ているか。
・両足を揃えてかかとをつけ、つま先をやや開いているか。
・指を伸ばして揃え、ズボンの縫い目に中指をつけているか（男性）。
・前で手を組んでいるか（女性）。
・肩は丸めず、横から見たときに頭からかかとまでが一直線になるように。

座り姿勢

・背筋を伸ばして胸を張っているか。
・あごを少し引き、前方を見ているか。
・背もたれに寄りかからず、椅子に深く腰かけているか。
・両足を揃えて膝を閉じ、両手は重ねてふわっと脚の上に乗せる。両足は揃え斜めにしてもよい（女性）。
・男性は、膝を拳2つ分開けてもよいが、足（靴）は、平行に置く。両手は左右の太ももに乗せる。
・かかとに重心を置き、膝は90度にする。

立ち上がり方

・まっすぐに立ち上がる（女性は斜めにした足をまっすぐに戻し、片足を少し後ろに引いてから立ち上がる）。

座り方

・片足を後ろに引いてから座る。
・女性は、スカートがシワにならないように、片手で腰からお尻にさっと手を当ててスカートを押さえて座る。
・引いていた足を戻し、両足を揃える。

歩き方

・背筋を伸ばして胸を張っているか。
・あごを少し引き、前方を見ているか。
・左右の足を平行に出しているか。
・肩をゆすっていないか。
・かかとをひきずっていないか。

＊歩き方は私たちが思う以上にその人の印象や、やる気の有無を左右しますので、注意が必要です。

指し示し方

・手の甲（陰の手）を相手に見せない。
・指し示す方向の手を使う。
　＊幽霊は手の甲を見せています。
・親愛の情を表すハグをするときは、手の平（陽の手）を見せます。
・一本の矢のようにまっすぐ、5指は開かない。

物の授受

・基本は両手で受け渡す。
・相手が受け取りやすい位置に渡す。
＊お互いに立っているときは、胸から胸ですが立っていて、座っている方に渡すときは注意が必要です。
・向きがあるものは、相手の向きに変える。
・渡すときには声をかける。

・手を添えて指を揃える。

案内の仕方

・行き先を告げ、行く方向を指し示す。
・先導する。
・相手が中央になるように、２～３歩左斜め前を歩く。
・体を少し斜め前に向け、相手の足元を気遣う。
＊相手のペースに合わせることが大切です。

第3章

心からの言葉を素直に伝える

言葉は「接遇」の基本・土台

私たちは一人で生きているわけではありません。社会生活を営むなかで、周りの人たちと常にコミュニケーションを保ちながら生きています。人と人とが理解し合い、良い人間関係をつくっていくためには、「言葉」という道具が必要です。

もちろん、表情や身振り手振りもコミュニケーションには大切な手段です。しかし、複雑な内容や抽象的な事柄を伝えるためには、「言葉」がないと伝わりません。この点が、本書のテーマ「接遇」に関しても、基本・土台になります。

無意識に言葉を使っていると、実は正しくない、いい加減な言葉づかいをしていることがあります。逆に、言葉を正確に筋道だったものにしようとすれば、思考も論理的になります。言葉に優しさを加えようと努力すれば、心も優しくなります。

誠実に話し、聞くことができるようになれば、あなたの人柄となって相手にきっと届くことでしょう。

相手に理解してもらうには、どのように話したらいいか、相手の言うことを理解するにはどうすれば良いか、これは相手を思いやる気持ちから出てくるものです。「話す」ことも「聞く」ことも、実は相手に対する思いやりといえます。形式的な言葉にこだわるのではなく、より良い人間関係を築くために、心からの言葉を素直に伝えられるようにしましょう。

ここで取り上げている言葉は、**話し言葉**です。挨拶、誰かとの会話、仕事の打ち合わせ、電話など、私たちの生活は言葉なしには成り立ちません。「話す」「聞く」ことは、生身の人間が声で発する言葉を生身の人間が耳で聞くという最も直接的なコミュニケーションであり、話し言葉の原点です。

心や行動に働きかける話し言葉

「話す」「聞く」ことは、意思や感情の伝達だけでなく、人間の心や行動に働きかける機能を持っています。

1）話し手の心に変化を与える

・友人に話を聞いてもらってスッキリする。話したことで気持ちが軽くなる。
・不用意なことを言って後悔する。

2）聞き手の心や行動に変化を与える

・友人から映画の感想を聞き、自分も観に行く。
・自分のことについて指摘され、改めて自分自身を省みる。
・講義や講演を聞いて、自分の進路を決める。

3）話し手と聞き手の人間関係に変化を与える

・話し合うことで互いに親近感がわく。

一言かけられた言葉に励まされ、元気がわいてきたり、何気なく言われた一言に深く傷ついて自信をなくしたり、話し言葉は毎日の生活の中で人間関係をよくも悪くも変える力を持っています。

相手を思いやる言葉

ダイバーシティ（多様化）の現代では、人々とより良いコミュニケーションを築き、さらに自分のできることで社会に貢献して、立場の違うあらゆる人が生き生きと活動できる社会を作りたいものです。

そのためには、相手を思いやる心くばりや、善意で許し合う心のゆとりが必要です。そうした心くばりやゆとりを「言葉」で表現することが大切です。

ビジネスの場面と話し言葉

ビジネスでは、上司に報告する、会議で説明する、商品のプレゼンテーションをするなど、いずれも話し言葉が重要な役割を果たします。しかし、自分の意見を事実のように報告したり、感情的に受け取って勝手な解釈を加えて説明したりすると、肝心なビジネスに支障をきたすことがあります。

そこで、話すための技術として、「正確に伝える」「わかりやすく話す」「簡潔に話す」「論理的に話す」「聞き手の心をつかむように話す」などが要求されます。

また、これらの表現の技術とともに、言葉づかいに関わる態度やマナーを身につけることも大切です。

ここで、第2章で挙げたマナーの5大要素の最初に出てきた挨拶をもう少し詳しく考えてみます。

まず挨拶から始めよう〜コミュニケーションの第一歩

1）人間関係の潤滑油

挨拶と笑顔は人生のパスポート、人間関係の扉を開く鍵と言われています。

挨拶は、心を開いて相手と良いコミュニケーションを築くための言葉です。一言の挨拶により、相手の緊張を解き、打ち解けるきっかけとなります。

・人間関係は挨拶から始まる。コミュニケーションの第一歩は挨拶から。
・ふれあいの第一歩。相手の心の扉を開く（敵意は持っていません）。
・挨拶は存在認知（あなたを認めています。私を認めてください）。

・短い言葉の中にたくさんの意味が込められている。
〜先人の知恵の結晶。

例）「こんにちは」は、「今日さま（太陽）」が語源で、「今日は、ご機嫌いかがですか？」が隠れています。

・決まり文句、紋切り型。個性はないが誰にでも共通する安心感。抵抗なく受け入れられる。

2）挨拶のマナー

・挨拶は習慣

短い言葉だから誰でも簡単に言える挨拶。でも、つい面倒だからと挨拶をけちっていませんか？　挨拶は習慣。いつでも気軽に挨拶できるようにしましょう。

親や家族、先生から、挨拶をきびしくしつけられる
←
形式的にやっているうちに自然に身につく

習慣になる（マナーはすべて習慣）←
苦痛でなくなる 自然体でできるようになる（型から入って型から出る）←
生活の句読点 挨拶をこまめにすることでいろいろな人と交流できる←
人間形成よいコミュニケーションの中で生きる←

・ＴＰＯに応じて

日常のどんな場面もすべて「どうも」で済ませていませんか。その場にふさわしい挨拶をしましょう。

・身振りや表情も添えて

どんな場合も、言葉だけでは心は相手に１００％は伝わりません。お辞儀、会釈、握手、手を挙げるなどの身振り手振りや笑顔、アイコンタクトといった表情も添えて、心をこめ、明るく感じ良く言葉と体で表現しましょう。

・気づいた方から

挨拶は気づいた方から先にします。いつでも、どこでも、誰にでも、常に自分から挨拶するように心がけましょう。

・相手を区別しない

先輩、後輩、上下、利害関係にかかわらず、差別のない挨拶をしましょう。以前、病院の事務長から、「今年の新人は、自分から挨拶しないんですよ」と言われたので、「では、事務長からご挨拶なされればよろしいのではないですか」と答えたことがあります。

挨拶は、上の者が下の者に奉られる手段ではありません。

・挨拶を省略しない

よほど親しい人でない限り、挨拶は省略せずにきちんと言うのが基本です。

例）らっしゃい→いらっしゃい
　　どうも→どうもありがとうございます
　　お待たせ→お待たせしました

・必ず返すー挨拶は相互に

挨拶されたら、必ず挨拶を返しましょう。そうすることで豊かな人間関係が生まれます。場面や状況に応じて適切に、挨拶を返せるようになりましょう。

・積極的に一回でも多く

短い言葉で即座によいコミュニケーションがとれる挨拶です。面倒がらずいろいろな機会に、できるだけたくさんの挨拶をしましょう。

・どんな場合でも一期一会の気持ちで

一期一会とは、茶道に由来し、元は千利休の言葉と言われています。茶会に臨む際には、「その機会は二度と繰り返されることのない、一生に一度の出会いであると心得て、主客ともに誠意を尽くすべきである」という意味です。

そこから、茶会に限らず広く「あなたと会っているこの時間は、二度と巡っては来ないたった一度きりのものです。だから、この一瞬を大切に思い、今できる最高のおもてなしをしましょう」となり、さらに「もしかしたらもう二度と会えないかもしれないという覚悟で人には接しなさい」という戒めの意味の言葉としても使われています。

※あなたの挨拶は、相手に快く受け入れられましたか。相手をリラックスさせること

ができましたか。

受け答えをタイミングよく

１）会話のキャッチボール

挨拶をしたり、話しかけたりしても相手があいづちも返事も返してくれない。一瞬気まずい空気が流れる……。そんな経験をしたことはありませんか。

話し言葉の原点は、話し手と聞き手が直接向かい合って話し合うことです。しかし、今は電話やメール、ＳＮＳなど、コミュニケーションの方法は多岐にわたり、会話の原点である双方向の直接コミュニケーションが少なくなっています。話し手と聞き手が言葉のキャッチボールを上手にして、話がはずむことこそ会話の醍醐味といえるでしょう。

ファミレスなどで、お母さんと小さいお子さんが食事をしていて、「ママ、これおいしいよ」と、子どもが話しかけてもお母さんはスマホにくぎ付けで子どもの顔も見ない。そんな残念な光景をご覧になったことはありませんか？

また、一緒に食事をしているのに会話はないが、実はＬＩＮＥで会話（？）をしているとか。このように過ごしてくるからか、就職して「新人は電話に出るように」と言われても躊躇《ちゅうちょ》する新人が多くなっていると言われています。なかには、「僕にはかかってきませんから」という輩もいます。

会話はキャッチボールとわかっていても、実はそう簡単ではありません。キャッチボールは、相手が捕りやすい位置に捕りやすいボールを投げ合うことです。相手のグローブに向かって言葉を発しているかどうか考えてみないと、キャッチボールのつもりが、ドッジボールになっていることがあります。すると攻撃的になり、ときには相手を攻撃したり、傷つけたりすることになります。

②あいづちや返事は重要な会話

あいづちや返事は相手の話を「興味を持って聞いていますよ」というサインであり、次の話を促し、相手が話しやすいようにする役目があります。

・短い言葉をたくさん言いましょう

相手の言葉を受け、返すときはもうひと言添えましょう。

例）「おはよう」に対して、

「おはようございます」

「お元気ですか」

「雨でうっとうしいですね」

「ご家族の皆さんはお変わりありませんか」


などと、ありきたりの言葉に加えて、その人に対して特製の言葉を添えれば、相手も嬉しく感じます。

・「ありがとう」は一回でも多く言おう

「ありがとう」を言うチャンスはいろいろなところにあります。


例）私は、子どもの頃から母が言っていたのを聞いていて、バスを降りるときには必ず運転手さんに「ありがとうございます」と言います。

お店で買い物をして、店員さんに「ありがとうございました」と答えます。

これは品物を選ぶのを手伝ってくれたり、商品を包んでくれたりする店員さんの行動に対するねぎらいの気持ちを表します。
コーヒーを持って来てくれた店員さんに「ありがとう」、道を開けてくれたときに「ありがとう」という習慣をつけましょう。エレベーターに乗ろうとして閉まりそうになり、誰かが開けてくれたときに「すみません」と言うよりは、「ありがとう」のほうが適切ですね。

客室乗務員時代に感じたことですが、日本人は「ありがとう」が少ないですね。機内でサービスを受けるのは当たり前だと思っているのかと感じていました。

それに比べて外国の方は、たとえファーストクラスのお客さまでも、「Thank you」と、ほぼ皆さんおっしゃいます。

現代は、さまざまな人間関係の渦の中で暮らしています。肩が触れただけで殺人事件になることもあるようなギスギスした世の中でもあります。

「ありがとう」は、余計な摩擦を避け、誰とでも円滑で柔軟な付き合いをするための「ありがとう」は、発言が同切り札です。また、「ありがとう」は、**マジックワード**

とも言われています。

言われて嫌な気持ちになる人はいませんし、言ったほうも感謝の気持ちをきちんと伝えられます。

社会人が使う「改まった言葉」

「改まった場面」で使うべき**「改まった言葉」**を一覧にしてみました。

また、「クッション言葉」は、相手の気持ちを配慮する言葉です。お願いやお詫び、お断りなどをするとき、言葉の表現をやわらかくして、人間関係の摩擦を避けるために使います。

〈改まった言葉〉

普段の言葉	改まった言葉
わたし、ぼく、おれ	わたくし
わたしたち	わたくしども
あなた	そちらさま、お宅さま
連れの人	お連れさま
だれ	どちらさま、どなたさま
男の人、女の人	男性の方、女性の方
ひとり	おひとり、おひとりさま
うちの会社	御社、△△（会社名）さま
どこ、だれ、どっち	どちら
すごう	大変
どうしましょうか	いかがいたしましょうか
いいですか	よろしいですか、～でしょうか
聞きます	お聞きいたします、承ります
わかりません	わかりかねます
できません	いたしかねます
わかりません	わかりかねます
できません	いたしかねます
わかりません	承知いたしました承りました、 かしこまりました
わかりましたか	おわかりいただけましたか ご理解いただけましたか
ありません	ございません

〈クッション言葉〉

恐れいりますが	10時までにお集まりください。
失礼ですが	どちらの山田さまでしょうか。
申し訳ございませんが	受付は終了いたしました。
お手数ですが	申込書をお書きいただけますか。
よろしければ	わたくしがご用件を承ります。
おさしつかえなければ	お電話番号をお教えいただけますか。
あいにくですが	担当の鈴木は外出しております。
せっかくですが	その件は全く存じませんでした。
残念ですが	先約があります。
ご面倒ですが	こちらで手続きをお願いしました。
早速ですが	結論から申し上げます。
お恥ずかしいのですが	その件は全く存じませんでした。
ご足労をおかけしますが	もう一度お越しいただけますか。
ご存じだと思いますが	月初めにお越しの際は、保険証をお持ちいただけますか。
おかげさまで	皆、元気に過ごしております。
お言葉を返すようですが	こちらのほうが患者さまにとって快適だと思います。

どんな言葉を選び、どのように話すか

同じ内容を話すにしても、どんな言葉を選び、どのように話すかによって、聞き手に誤解が生じることがある、ときには理解できないことがあります。聞き手に配慮した表現を心がけ、自分の考えや気持ちが十分聞き手に伝わるようにすることが大切です。

主語の省略に注意

話し言葉では、主語が省略されがちです。それが聞き手を迷わせ、誤解の原因になることがあります。「聞き手もわかっているだろう」と思わず、大事な場面では「誰が」「何が」という主語を省略せずに言いましょう。

例）
社員Ａ「先日のパーティ、大変な評判でしたよ」

社員Ｂ「いやー、そうでもないよ」
社員Ａ「佐藤さんと田中さんから聞きました」
社員Ｂ「あの二人はいつもおおげさなんだ」
社員Ａ「でも、盛り上がったんですよね」
社員Ｂ「それほどたいしたことでもなかったんだ」
社員Ａ「５００人近く出席した大きなパーティだったそうですね」
社員Ｂ「えっ?? なんだ、そのことか。てっきり僕がパーティでしたスピーチのことかと思ったよ」

終わりまではっきりと

日本語は文の終わりまで、はっきり言うことが大切です。「そう思います」と言うか「そう思いません」と言うかによって、意味は全く反対になってしまいます。

また、「思いました」「思っています」「思うでしょう」という過去、現在、未来など時間にかかわることも多くは文末で表現します。文の最後の部分は重要なので、終わりまではっきり言いましょう。

例）その件については考えています／考えていません
期日までにできました／できるでしょう

短い文に区切って

「山本さんは、強豪として知られるA大学サッカー部の名選手で、すばらしい運動能力と抜群のリーダーシップで、スポーツを志す少年のあこがれとなっている人ですけれども……」

というふうに、文がだらだら続くとどうでしょう。聞いていてうんざりしますし、何が言いたいのかよくわからなくなってしまいます。

これをわかりやすくするには、

「山本さんは、強豪として知られるA大学サッカー部の名選手です。すばらしい運動能力と抜群のリーダーシップの持ち主で、スポーツを志す少年のあこがれの的です」

と、文を短く区切って述べれば、すっきりとした文章となります。「～で」「～けれども」「～から」といった接続助詞を使って、だらだら続けないようにしましょう。

短い文を積み重ねて

「私とは中学校のときからの親友である太田さんは、高校生のときに両親からプレゼントされた1枚のジャズアルバムによるジャズとの出会いから、今や若い人たちに人気のジャズ歌手になっています」

この文では、「私とは中学校のときからの親友である」が「太田さん」に対する修飾句になっています。また、「高校生のときに両親からプレゼントされた1枚のジャズアルバムによる」が「ジャズとの出会い」を修飾しています。

このように、一つの文の中でいくつもの修飾語を使うと、文の構造が複雑になり聞く人にとってわかりにくくなります。

「太田さんは、私とは中学校のときからの親友です。彼女は今や若い人たちに人気のジャズ歌手になっています。ジャズとの出会いは高校生のときに両親からプレゼントされた1枚のジャズアルバムでした」

というように、内容を分解していくつかの文に分け、修飾句を重ねないようにします。ここでは、「親友であること」「人気歌手になっていること」「ジャズとの出会い」という内容ごとに分けて、単純な文構造の表現で述べています。つまり、内容ごとの短い文章を積み重ねて述べるようにするのがポイントです。

述語は主語の近くに

「Aさんたちのグループは、本社のプロジェクトチームがまとめた〝環境についての消費者意識調査〟を参考にして、新商品の企画書を提出しました」という文がわかりにくいのは、「Aさんたちのグループは」という主語と、「提出しました」という述語が離れすぎていて、その間に別の説明が入り込んでいるのが原因です。

これを「Aさんたちのグループは、新商品の企画書を提出しました。企画を練るにあたっては、本社のプロジェクトチームがまとめた〝環境についての消費者意識調査〟を参考にしました」というように、文を区切るといいでしょう。

主語と述語はなるべく近づけたほうが話を聞く人には理解しやすくなります。

難しい語句は言い換えを

例）払拭する→拭い去る
準拠する→従う
看過できない→見過ごせない
おかげさまで快癒しました→おかげさまですっかり良くなりました

専門用語の使い過ぎに注意

外来語や専門用語を多用するのも考えものです。聞き手にきちんと理解してもらえるよう一般的でない外来語や、特殊な業界用語、略語などはできるだけ避けましょう。

例）寛解→病気が一時的に治っている状態
訪室→病室を訪れること
わらう→ドラマ撮影などで、そのシーンに必要のないものをのけること

主語と述語の関係を整える

話しているうちに、いつの間にか文がねじれてしまうことがあります。主語と述語の関係をきちんと守ることが、日本語の基本です。

例）この本を読んで感じたことは、人はみな孤独なのだと思いました。×
この本を読んで感じたことは、人はみな孤独なのだということです。◯

助詞の使い方に気をつける

助詞は地味な存在ですが、文の中で大きな役割を果たすことがあります。

例）お茶がいい？　それともコーヒーがいい？
1、お茶がいいです。2、お茶でいいです。

例）上手に書けなくてすみません。
1、いいえ、あなた字は上手よ。2、いいえ、あなた字も上手よ。

文字にすると一文字で、意味が変わってしまいます。また、「電車、遅れた」「鈴木さん、これ」といったような単語の羅列では意味がはっきりしません。「電車が遅れた」のか、「電車に遅れた」のか、「て・に・を・は」が抜け落ちないように注意しましょう。

あいまいな文を避ける

【私の絵】という言葉は、3通りの意味に解釈できます。
1、私が所有している絵
2、私が描いた絵
3、私を描いた絵
【私はあなたのように優しくない】の場合、2通りの意味に解釈できます。
1、私はあなたほど優しい性格ではない（私よりあなたのほうが優しい）
2、私もあなたと同じように優しくない性格だ（私もあなたも優しくない）

まぎらわしい文や、修飾関係がはっきりしない文は、意味があいまいになり、誤解を生む原因となります。聞き手が、その表現を正しく理解できるかどうかに気を配るようにしましょう。

接続の言葉は正確に

話の展開をはっきりさせるためには、接続の言葉や、文脈の流れを指し示す動きのある言葉を正確に使うことが大切です。

・**因果関係を示す言葉**（前の話を受ける）
それで、そうすると、それから、ですから、したがって、そういうわけで
・**反対、対比のための言葉**（前の語とは反対の内容が続く）
けれども、ところが、それにもかかわらず、それでも、一方、他方では
・**添加のための言葉**（前の話に付け加える）
そして、そのうえ、そのほかに、また、さらに
・**選択のための言葉**（前後の話のどちらかを選ぶ）
あるいは、それとも、または
・**言い換え、例示のための言葉**（前の話をまとめたり具体的に説明したりする）
つまり、すなわち、たとえば、例をあげると

・理由説明、補足のための言葉（前の話に関して説明する）
なぜなら、なぜかといえば、というのは、そのわけは
・転換のための言葉（前の話に対して、話題を変える）
では、それでは、ところで、さて、次に

事実と意見は区別する

自分の推測や意見をあたかも事実であるかのように話してしまうと、相手を混乱させてしまいます。「自分の意見」なのか、それとも「事実」なのか、聞き手にはっきり区別できるように表現しましょう。
また、聞き手も相手の話が「意見」なのか「事実」なのか、冷静に聞き分ける必要があります。

例）富士山は日本一高い山です。……事実
　　富士山は日本一美しい山です。……意見
例）この赤ちゃんは２０１９年５月７日に生まれました。……事実
　　この赤ちゃん、とってもかわいいでしょう。……意見

副詞の呼応を守る

「私の父は、決して、どんなことでもあきらめてしまったら終わりと言って、いつも前向きなんです」。話し言葉では、こんな言い方をしてしまうことがあります。「決して」という副詞に呼応するのは、「あきらめない」という否定形です。

この場合、「私の父は、どんなことでも決してあきらめないと言って、いつも前向きなんです」と言いたかったのではないでしょうか。

このように、副詞には一定の形で文を結ぶ決まりになっているものがいくつかあります。これを、副詞の呼応といいます。呼応の約束を無視すると、聞き手を混乱させてしまうので、注意しましょう。

	正しい使い方
否定 （打ち消し）	そんなこと全然気にしていません。 彼は少しも反省していません。 今までちっとも知りませんでした。
推量	明日はたぶん晴れるでしょう。 お母さまはさぞ心配されたことでしょう。
仮定	もし私が行くなら、部下も連れていきます。 たとえ知っていたとしても、お教えできません。
疑問	彼女がなぜ驚いていたのかわかりません。 約束したのにどうして来なかったのですか。
打ち消し 推量	彼は優秀なので、 まさか試験に落ちることはないでしょう。

コミュニケーションについてのまとめ

社会の一員として、幸せで楽しい日々を過ごすために必要なものは、コミュニケーション能力だといえます。家庭生活で、社会生活で、ビジネスで、よい人間関係を築くことが大切です。人間関係がうまくいけば、人生も成功したといえるでしょう。

言葉も人間関係により、相手に与える影響が違います。すばらしい考えや知識を、筋道立ててわかりやすく話しても、「感じがよくない」「冷たい」「やさしさ、温かみがない」「心がこもっていない」など、その人の印象が悪ければ、相手の気持ちを動かすことはできないでしょう。

言葉は、コミュニケーションを良くするための道具です。言葉は常に態度や表情などと表裏一体で、その人の人間性、品性、知性、温かみや思いやりなど、人柄のすべてを表します。「言葉の問題は言葉だけではない」といわれるゆえんです。

コミュニケーションて何？

コミュニケーションの語源は、ラテン語のCommunicare（共有する、分かち合う）で、２人以上の人間同士が意思や感情、情報などを相手に正しく伝え、相手から間違いなく受け取り、共有することです。

私たちが必要とするコミュニケーションは、言うまでもなく「人間対人間」の対人コミュニケーションです。コミュニケーションは、話し手と聞き手が相互に役割を交替しながら、または同時に話す・聞くという役割を担いながら、進めていきます。

コミュニケーションは、キャッチボールに例えられます。相手の受け取りやすいタイミングで、受け取りやすい場所にボールを投げ、受信者は、そのボールを脚色せずに、そのまま受け取る。そして、今度は、発信者としてボールを投げ返す行為です。

私たちは、つい投げることばかりに関心を向けがちですが、受け取ることも投げることと同様に重要であることを意識しなければなりません。

コミュニケーションの目的は？

私たちがコミュニケーションをとる、あるいは図るというとき、そこには次のような目的があります（分かり合う、分かち合う）。

①人間関係をつくる……会話や挨拶
②情報を伝達する　……説明や報告
③協力してもらう　……依頼や説得
④受容・共感　　　……励ましや慰め

・コミュニケーションの方法、手段

1、言語コミュニケーション（Verbal Communication）
―「言葉」で意思、感情、思考などの情報を伝える
―文章、文字を使っておこなう「書く」という手段

2、非言語コミュニケーション（Non-Verbal Communication）
ジェスチャーや合図、しぐさや態度といった言語以外のコミュニケーション手段が言語と合わさって、あるいは独立して（言語に代わる役割として）使われる。

身体動作	しぐさ、ジェスチャーなどの身体や手足の動き、顔面表情、姿勢、目の動き（まばたく、視線の方向、凝視の長さ、瞳孔の広がりなど）
身体特徴	身長、体重、体型、体臭や口臭、皮膚の色、髪型
接触行動	撫でる、打つ、叩く、押す、引っ張る
疑似言語	声量、ピッチ、スピード、声の質、発言、明瞭性、くちごもり
距離	相手の手との距離の取り方、座席の座り方、個人的空間
人工品	服装、香水、眼鏡、化粧、靴、腕時計、アクセサリーなどの装身具
環境要因	音楽、建築様式、インテリア、照明、温度

まとめると

①話す→こちらの意思を伝達する
②聴く→相手の意図を知る、確認する
③見る→情報のインプット
④読む→情報のインプットの確認
⑤感じる→上記以外の五感。嗅覚、味覚、触覚

コミュニケーションがうまくいかない原因

・一方的に話しすぎる（誤解）
・独りよがり（偏見）
・守ろうとしすぎる（防衛）
・好き勝手（感情）
・印象に左右される（錯覚）
・偏った考え方（主観）

・思い込み（先入観）
・勉強不足（知識）
・TPO　時間 Time　場所 Place　場面 Occasion

効果的なコミュニケーションとは？

①訊ねること→わからないことは必ず聞く
②話すこと→一人で悩まない、人を選ぶ
③聴くこと→心で聴く、意図を知る、確認する
④理解すること→意味、意図を知る、共感する（できる）

コミュニケーションに必要な能力・力

◆相手から信頼される力
自分自身を高めることが、相手からの信頼を得ることにつながります。
・目的に当事者意識を持って取り組める力
・本質を探究する力

・物事をとことん考え抜き、自分なりの解決策や表現法を得る力
・プラス思考、ポジティブ思考
・諦めない強さと明るさを持ち続ける力
・誠実な姿勢
・自己中心でなく、かつ相手にも流されない
・お互いの共有の目的や意義を見出せる力
・意見が対立したときに、「どちらが正しいか」ではなく、「何が正しいか」という客観的な視点を持つ力
・相手にヤル気を起こさせ、共有する時間や場の価値を高める力

相互に協力し合う力とは、次のようなものです。

・整理する：会話全体の情報を整理、分類し、方向性をつかめる力
・検証する：全体像をつかみ、結論と思えることを相手に伝え、共に検証できる力
・企画推進：失敗しないためのシナリオをつくる力
・心で聴く力

・質問する力
・発見する力
↓相手の話や伝えたいと思っていることを真に理解するために、ただ話を聞くだけでなく、対話しながら頭を使って聴く力

聴くための基本は「受容」

①白紙の状態で聴く
②関心を持つ
③話の腰を折らない
④自分の考え（価値観）を押し付けない
⑤共感的に聴く

話しやすい態度

①姿勢
②表現

③距離
④座る位置
⑤視覚

次につながるコミュニケーション

1）必要な能力

・情報収集力
必要な情報を、使い道や求められる質を理解した上で集めることができる。日常生活の中で物事に関心を持ち、自ら情報を取り入れることが大切です。

・共感力
他人の意見や感情を理解し、その人の立場に立って物事を見ることができる。人それぞれの感性の違いを尊重し、人を思いやることができる。

・提案力
目標に向かって、自ら「ここに問題があり、解決が必要だ」と提案できる。

２）必要なスキル

・わかりやすい表現力
・発信力（メッセージカ）
・伝える力
⇒自分の意見をわかりやすく整理した上で、相手に理解してもらうように的確に伝えることができる。

社会のなかで楽しく幸せな日々を過ごすために必要なもの、それはコミュニケーション能力です。家庭生活で、社会生活で、よい人間関係の中で生きることが大切です。人間関係がうまくいけば、その人の人生は成功したといってもよい、と言われています。

すばらしい考えや知識を筋道立ててわかりやすい言葉で話しても、「感じが良くない」「冷たい」「やさしさ、温かみがない」「心がこもっていない」など、その人の印象が悪ければ、相手の気持ちを動かすことはできないでしょう。

もっと近い関係の場合には「あなたが言うなら」、逆に「あなたには言われたくない」ということもあります。何を言うかよりも、誰が言うかで受け取る側の反応が違うこともあります。

言葉はコミュニケーションをよくするための道具です。また、言葉は常に表情や態度、仕草などと表裏一体で、その人の人間性、品位、知性、温かみや思いやりなど、人柄のすべてを表します。

「言葉の問題は言葉だけではない」と言われるゆえんです。

あなたのコミュニケーション能力をチェックしてみましょう。

（○△×を記入してください）

- □　1、自分は人から好かれるほうである。
- □　2、プラス思考で何事も前向きに考える明るい性格である。
- □　3、人と会って話をするのが好きである。
- □　4、姿勢、歩き方、立ち居振る舞いに気を配っている。
- □　5、ハキハキと明るい声で話すほうである。
- □　6、相手に合わせて話題や言葉を選んでいる。
- □　7、挨拶、ありがとう、申し訳ありませんなどの言葉をきちんと言っている。
- □　8、笑顔で話すよう気をつけている。
- □　9、受け答えがスムーズにできる。
- □　10、人から見て服装、態度などの感じがよいほうである。

○が多いほどコミュニケーション能力あり。

第4章

ハラスメント防止は必要不可欠

心からの接遇を実践するのに、なぜ**ハラスメント**について言及するのか？　と、不思議に思われる方もいらっしゃると思います。お客さまをはじめ、対外的に相手の方を思い、おもてなしの心を込めて応対をするには、まず自分の心や気持ちが整っていることが大切です。

例えば、職場のなかでパワーハラスメントやセクシャルハラスメントがある、お客さまからのカスタマーハラスメントがあるにもかかわらず、上司や職場が何も対策を講じないような職場で、接遇など考えられるわけはありません。ハラスメント問題は、個人の問題だけではなく組織で取り組まなければならない問題でもあります。

人に対する「嫌がらせ」や「いじめ」などの行為を指し、属性や人格などに関する言動などにより、相手に不快感や不利益を与えるだけでなく、尊厳をも傷つける行為です。また、働く人が能力を十分に発揮することの妨げになる行為ともなります。

ハラスメントにはさまざまな種類があり、職場では「パワーハラスメント」、「セクシャルハラスメント」、「マタニティハラスメント」が大きな問題となっています。また、お客さまからの「カスタマーハラスメント」は近年大きな問題となっています。

職場におけるパワーハラスメントとは

「職場のパワーハラスメントとは、①優越的な関係を背景とした言動であって、②業務上必要かつ相当な範囲を超えたものにより、③労働者の就業環境が害されるものであり、①から③までの要素を全て満たすものである」（労働施策総合推進法第30条の2）

①優越的な関係を背景とした言動

当該事業主の業務を遂行するにあたって、当該言動を受ける労働者が行為者に対して抵抗または拒絶することができない蓋然性が高い関係を背景として行われるもの

（例）

・職務上の地位が上位の者による言動（上司から部下）

・同僚または部下による言動で、当該言動を行う者が業務上必要な知識や豊富な経験を有しており、当該者の協力を得なければ業務の円滑な遂行を行うことが困難であるもの（それまで営業一筋の上司が総務課の責任者として移動してきたが、

総務経験豊富な部下の協力が不可欠である）

・同僚又は部下からの集団による行為で、これに抵抗又は拒絶することが困難であるもの等

②社会通念に照らし、当該言動が明らかに当該事業主の業務上必要性がない、又はその態様が相当でないもの

③労働者の就業環境が害される

・当該言動により労働者が身体的又は精神的に苦痛を与えられ、労働者の就業環境が不快なものとなったため、能力の発揮に重大な悪影響が生じる等当該労働者が就業する上で看過できない程度の支障が生じること

・この判断に当たっては、「平均的な労働者の感じ方」、すなわち、同様の状況で当該言動を受けた場合に、社会一般の労働者が、就業する上で看過できない程度の支障が生じたと感じるような言動であるかどうかを基準とすることが適当

パワハラと考えられる例／該当しないと考えられる例

１）身体的な攻撃（暴行・傷害）

（イ）該当すると考えられる例

①殴打、足蹴りを行うこと。

②相手に物を投げつけること。

（ロ）該当しないと考えられる例

①誤ってぶつかること

２）精神的な攻撃（脅迫・名誉棄損・侮辱・ひどい暴言）

（イ）該当すると考えられる例

①人格を否定するような言動を行うこと。相手の性的指向・性自認に関する侮辱的な言動を行うことを含む。

②業務の遂行に関する必要以上に長時間にわたる厳しい叱責を繰り返し行うこと。
③他の労働者の面前における大声での威圧的な叱責を繰り返し行うこと。
④相手の能力を否定し、罵倒するような内容の電子メール等を当該相手も含む複数の労働者宛てに送信すること。

(ロ) 該当しないと考えられる例

①遅刻など社会的ルールを欠いた言動が見られ、再三注意してもそれが改善されない労働者に対して一定程度強く注意をすること。
②その企業の業務の内容や性質等に照らして重大な問題行為を行った労働者に対して、一定程度強く注意をすること。

3) 人間関係からの切り離し（隔離・仲間外し・無視）

(イ) 該当すると考えられる例

①自身の意に沿わない労働者に対して、仕事を外し、長時間にわたり、別室に隔離したり、自宅研修させたりすること。
②一人の労働者に対して同僚が集団で無視をし、職場で孤立させること。

（ロ）該当しないと考えられる例

①新規に採用した労働者を育成するために短時間集中的に別室で研修等の教育を実施すること。

②懲戒規程に基づき処分を受けた労働者に対し、通常の業務に復帰させるために、その前に、一時的に別室で研修を受けさせること。

４）過大な要求（業務上明らかに不要なことや遂行不可能なことの強制・仕事の妨害）

（イ）該当すると考えられる例

①長時間にわたる、肉体的苦痛を伴う過酷な環境下での勤務に直接関係のない作業を命ずること。

②新卒採用者に対し、必要な教育を行わないまま到底対応できないレベルの業績目標を課し、達成できなかったことに対し厳しく叱責すること。

③労働者に業務とは関係のない私的な雑用の処理を強制的に行わせること。

（ロ）該当しないと考えられる例

①労働者を育成するために現状よりも少し高いレベルの業務を行わせること。

②業務の繁忙期に、業務上の必要性から、当該業務の担当者に通常時よりも一定程度多い業務の処理を任せること。

5）過小な要求（能力や経験とかけ離れた仕事を命じることや仕事を与えないこと）

（イ）該当すると考えられる例

①管理職である労働者を退職させるため、誰でも遂行可能な業務を行わせること。

②気に入らない労働者に対して嫌がらせのために仕事を与えないこと。

（ロ）該当しないと考えられる例

①労働者の能力に応じて、一定程度業務内容や業務量を軽減すること。

6）個の侵害（私的なことに過度に立ち入ること）

（イ）該当すると考えられる例

①労働者を職場外でも継続的に監視したり、私物の写真撮影をしたりすること。

②労働者の性的指向・性自認や病歴、不妊治療等の機微な個人情報について、当該労働者の了解を得ずに他の労働者に暴露すること。

（ロ）該当しないと考えられる例

①労働者への配慮を目的として、労働者の家族の状況等についてヒアリングを行うこと。

②労働者の了解を得て、当該労働者の性的指向・性自認や病歴、不妊治療等の機微な個人情報について、必要な範囲で人事労務担当部門の担当者に伝達し、配慮を促すこと。

パワーハラスメントが被害者に与える影響

１）「士気の低下」、「能力発揮に支障がある」

病気にならないまでも、パワハラにより尊厳が傷つき、やる気が失われることにより、仕事のパフォーマンスに影響が出てきます。

２）「心の健康を害する」

１）のような状態が続くと、職場に行くことが苦痛になり、徐々に心の健康を害することがあります。一度うつ病やＰＴＳＤ（心的外傷後ストレス障害）等メンタルヘルス不全に陥ると、元の健康な状態に回復するまでに長い時間を要する場合もあります。回復しても従前と同じ質・量の仕事ができるようになるまではさらに時間がかかることもあります。また、重症の場合は自ら命を絶つケースもあります。本人のみならず、家族にも多大な影響があり、企業が法的責任を問われる事態にもなります。

パワハラが企業に与える影響

１）「職場風土を悪くする」「本人のみならず周りの士気が低下する」

被害を受けている本人のみならず、同じ職場の社員の士気が低下する、精神的な安定が阻害されることがあります。子どものいじめのように、「次は自分が標的になるのではないか」と、委縮すれば当然パフォーマンスは下がります。そして、このように職場の風土や環境が良くない場合、優秀な人材が流出することも考えられます。

２）「時間と労力に大きなロスが生じる」

事案により解決までに多くの時間や労力がかかることがあります。パワハラの申し立てがあった場合、事実の確認にも時間を要することもあります。加害者が職場で地位の高い人である場合は、自分の行為をパワハラと認識させることが難しく、時間もかなりかかることも考えられます。

３）「イメージダウンによる影響」

企業として職場のパワハラに加担していなくても、問題を放置した場合は、裁判で使用者としての責任を問われることもあり、イメージダウンになりかねません。それにより、業績悪化や優秀な人材の流失につながる恐れがあります。

加害者及び企業の法的責任

民事上の責任として損害賠償請求をされます。

①加害者の責任

・民法709条の不法行為責任

パワハラ行為は、加害者の故意過失にもとづく違法性のある行為なので、身体的・精神的に被害者が被った損害について賠償責任が発生します。

・刑事上の責任

暴行罪（刑法208条）、傷害罪（刑法204条）、侮辱罪（刑法231条）、名誉棄損罪（刑法230条）、脅迫罪（刑法222条）、強要罪（刑法223条）が成立することが考えられます。被害者は告訴することが可能であり、検察が加害者の行為が犯罪になると考えれば、加害者は起訴されて刑事訴訟となり有罪判決を受けるケースもあります。

②企業の損害賠償責任

・民法715条の使用者責任

企業は、使用する労働者が債務遂行中に第三者（自社が雇用する他の労働者を含む）に損害を与えた場合、その被害者に対して損害賠償責任を負います。「双方社員だから個人同士のトラブルは会社に関係ない」では済まされません。

・民法第415条の債務不履行責任

使用者は、労働契約上、労働者に対する安全配慮義務を負っています（労働契約法第5条）。使用者がハラスメントを放置するなど適切な対処を怠り、それにより労働者が心身の健康を害した場合には、安全配慮の一内容としての「職場環境整備義務（トラブルを予防するための環境整備をすべき義務）」または「職場環境調整義務（問題発生後に良好な環境となるよう調整すべき義務）」違反として債務不履行となり被害者たる労働者に対する損害賠償責任を負います。

・民法第709条、第710条の不法行為責任

ハラスメントを放置したり、被害者の心身の不調を見過ごして何も対応しなかったりしたことについて、使用者自身に注意義務違反があり、それにより被害者が損害を被った場合には、使用者自身が不法行為責任を負うことがあります。

なぜパワーハラスメントが起きてしまうのか

◆「しごく」ことで人が動く、業績が上がる、生産性が高まるという誤解。
◆感情のヒートアップ（コントロールが効かない否定的感情）。
◆上司と部下のコミュニケーションが少ない。
◆休みが取りにくい。
◆競争の激化、業務の多忙化、業績不振など環境の変化による職場コミュニケーションの希薄化。
◆雇用形態の多様化、意識の変化によるお互いを尊重し合う意識の欠如、異質なものを排除する風潮。
◆古い職場体質や倫理観の欠如による指導・教育に名を借りたいじめ、集団的な職場いじめ。

パワーハラスメントにならないためには

◆パワーハラスメントについての十分な理解。
◆パワーハラスメントにならないためのコミュニケーション
・叱る対象は誰かと冷静に考える。
・自分の感情（怒り、恐れ、悲しみ、焦り妬み等）に気づく。
・攻撃ではなく、自分の要望を伝える。
・相手を見て接し方を工夫する（プレッシャーに弱い若者も多い）。
・不要な誤解を招かない。
◆自らの行為がパワーハラスメントになっていないか注意する。
◆隠れたパワーハラスメントがないか、周囲のメンバーの変化に注意する。
◆パワーハラスメントを起こさせない、職場環境づくりの役割を理解する（管理職）。

組織として取り組むこと

1）組織の意識改革

①緊急課題であることの認識

・組織で働くすべての人の生命・心身の状態にかかわる緊急課題である

⇩個人の問題ではなく組織の問題である。

・ハラスメント防止、メンタルヘルス対策への取り組みは社会の大きな問題である。

⇩時代とともに判断基準が厳しくなっている。

②トップの意識改革の必要性

企業として「職場のパワーハラスメントはなくすべきものである」という方針を、トップのメッセージの形で明確に打ち出すことが望まれます。

③人権意識の向上

どのような場面でも人権意識が必要です。

２）体制づくりの必要性

①ハラスメント防止規程の作成

・周知すること
・機能しているかを確認すること

②相談しやすい体制づくり

・相談に対応する担当者を定め、相談窓口を周知すること
・相談担当者に研修（対応の仕方、カウンセリング手法等）を行い、「二次被害（相談者が相談窓口の担当者の言動によりさらに被害を受けること）を防止すること

３）効果的な予防対策の必要性

①実態調査

・アンケート調査で現状を把握する
⇓ハラスメント防止取組み姿勢も伝わる

②部署ごとの自己点検

・部署内でハラスメントについてディスカッションすることも効果的である

③効果的な研修

・全構成員がハラスメントの正しい知識を共有する

・管理職研修、部署ごとの研修を行う

・不快感や自分の意思を表明するためのアサーショントレーニング研修も効果的である

4）ハラスメントが起きたときの迅速適切な対応

①ハラスメントの早期発見

・決して放置しない⇒早期に的確に対応する

②事案の見極め

・相談者の了解を得たうえで、行為者や第三者に事実確認を行う

③ハラスメントの早期解決

・迅速な対応で早期に解決する

・場合によっては、弁護士など外部の専門家のアドバイスを求める
・時間がかかる場合には、被害者にその旨報告する

個人ができること～加害者にならないために～

①人権意識を持つこと

・相手を尊重すること

②コミュニケーションのある職場環境づくり

・日頃から十分なコミュニケーションを図り、良好な関係を築くこと
・コミュニケーションは双方向なものなので、相手の言い分も十分に聴くこと

③危機意識を持つこと

・ハラスメントの発生が個人と組織にもたらす影響を強く認識すること

④自分の立場や言動への配慮

・うっかり加害者になっていないか

〜うっかり加害者〜

過剰に対応する、神経質になる必要はありませんが、部下や後輩を教育・指導している、指示を出しているだけのつもりが、高圧的、攻撃的、感情的な態度で「うっかり加害者」と受け止められていませんか。気づかぬうちに感情的に声が大きくなる、きつい言葉遣いになる、舌打ちやため息、不機嫌な表情、態度などを取っていませんか。指導の目的が相手の成長にあり、態度が肯定的、受容的、自然体で見守るというものであれば問題はありませんが、批判的、否定的な言動はパワハラになりかねません。チームリーダーによるパワハラは、チームや職場の雰囲気を悪くします。

雰囲気がギスギスしていたら、チームリーダーとしての自分の態度に問題があるかもしれないと、振り返ってみましょう。

⑤被害者のサインを見落とさない

・仕事の取り組み方の変化、顔色、体調の変化、遅刻等々日常の変化に気づくこと

個人ができること～被害者にならないために～

①上手に断る方法を知っておく

・「Ｎｏ」を伝えにくい相手に対して、相手の気分を害さずに断るためのアサーティブコミュニケーション（後述）を知る

②被害を受けたら声をだすこと

・はっきり拒絶すること
・不快な言動を受けたら早期に相手に原因・理由を尋ねることも解決方法のひとつ

③被害を受けたらすぐに申し出ること

・拒絶するのが難しい場合などは、内外の相談窓口に相談すること

③相談窓口を確認しておく

・多くの企業や組織などには、「ハラスメント相談窓口」が設置されています。相談窓口の相談員は、加害者に知られないように、被害者の状況や意思を確認しながら対策に取り組んでくれます。

④記録を取ること

・相談窓口、第三者機関に相談し、その後の対応を考える場合には、事実が重要となります。

・「ハラスメントかもしれない」と感じることがあれば、日時や場所、そのときの状況、相手の言動を記録しておきます。

	パワハラ	指導
目的	相手を馬鹿にする・排除する 自分の目的の達成 （自分の思い通りにしたい）	相手の成長を促す
業務上の必要性	業務上の必要性がない （個人生活、人格まで否定する）	仕事上必要性がある、または健全な職場環境を維持するために必要なこと
態度	威圧的、攻撃的、否定的、批判的	肯定的、受容的、見守る、自然体
タイミング	過去のことを繰り返す 相手の状況や立場を考えない	タイムリーにその場で受け入れ準備ができているときに
誰の利益か	組織や自分の利益優先 （自分の気持ちや都合が中心）	組織にも相手にも利益が得られる
自分の感情	いらいら、怒り、嘲笑、 冷静、不安、嫌悪感	穏やか、暖か、好意 きりっとした
結果	部下が委縮する 環境がギスギスする 退職者が多くなる	部下が責任を持って発言、行動する、 職場に活気がある

	怒る	叱る
目的	自分の感情の高ぶりやイライラを相手にぶつける	相手により良い行動をしてもらう
内容	感情的	理性的
表現	威圧的・荒い	穏やか・冷静
結果	相手を傷つける・怯えさせる	相手に反省させる
関係性	崩れやすい	うまく叱ると信頼関係が増す

⑤他人の被害を見て見ぬふりをしないこと

・放置するとハラスメントが深刻化、拡大化することもある。・職場の環境悪化の視点からも通報・相談すること。

⑥よりよいコミュニケーションを目指すこと

・コミュニケーションは双方向

自分の伝えたいことを正確に伝える

⇓

受け手は相手の言いたいこと、伝えたい気持ちをつかむために能動的に聴く

⇓

それに対する自分の考えや意見を正確に伝える

「パワハラと指導の違い」

「〝怒る〟と〝叱る〟の違い」

〜〝怒る〟と表現が厳しくなり、パワハラとなる可能性が高くなる。冷静に〝叱る〟ことが重要。

言葉だけでパワハラか否かの判断はできない

裁判では、「ばかやろう」という言葉であってもそれがパワハラに当たるか否かの判断は、事案によって異なります。つまり、言葉そのものだけでパワハラか否かを判断されることはないということです。

《パワハラかどうかの判断において考慮すべき要素》

- 言動の目的
- 言動を受けた労働者の問題行動の有無や内容、程度を含む言動が行われた経緯や状況
- 業種、業態
- 業務の内容、性質
- 当該言動の態様、頻度、継続性

・労働者の属性や心身の状況
・行為者との関係性

パワハラ防止に「有効なアンガーマネジメント」

大声で怒鳴られる、理不尽な理由で叱責されるなどのパワハラは、加害者のイライラ・ムカッ・カチンなどが蓄積し怒りが抑えられないために起こる可能性が考えられます。感情のコントロールができ、怒りの感情と上手に付き合うことができるようになる**アンガーマネジメント**ができればパワハラの予防・防止に役立つといえます。

アンガーマネジメントとは1970年代にアメリカで始まった怒りの感情をマネジメントするための心理トレーニング法です。初期の頃に軽犯罪を犯した人への矯正プログラムに取り入れられてから、現在では企業研修、学校教育、人間関係のカウンセリング、アスリートのメンタルプログラム等に幅広く活用されています。

怒りの感情をマネジメントするとは、「怒らなくなること」ではなく、怒りの感情と「上手に付き合う」ことです。怒りの感情と上手に付き合えるようになるということは、怒りの感情で後悔しなくなるということです。怒る必要のあることは上手に怒り、怒る必要のないことは怒らなくて済むようになることが、アンガーマネジメントができるようになるということです。

カスタマーハラスメントについて

顧客等からの暴行、脅迫、ひどい暴言、不当な要求等の著しい迷惑行為であるカスタマーハラスメント対策の強化が急務であるといわれています。店舗で「俺は客だぞ、お客様は神様だろ！」などとわめく輩がいますが、これは誤解だと近年話題になりました。

～「お客様は神様です」の誤解～

三波春夫にとっての「お客様」とは、聴衆・オーディエンスのことです。また、「お客様は神だから徹底的に大事にして媚びなさい」などと発想、発言したことはまったくありません。しかし、このフレーズが真意と離れて使われるときには、「お客様」は商店、飲食店、乗り物のお客さん、営業先のクライアントなどになり、「お客様イコール神」となります。例えば買い物客が「お金を払う客なんだからもっと丁寧にしなさいよ。お客様は神様でしょ？」という風になり、クレームをつけるときなどには恰好の言い分となってしまっているようです。

店員さん側は「お客様は神様です、って言うからって、お客は何をしたって良いっていうんですか？と嘆かれています。また、クレーマーやカスタマーハラスメント問題を取り上げている番組などでは、「お客様は神様ですというのがありますからね」と、真意を介することなく引き合いに出されることもあります。

―引用元：三波春夫公式WEBサイトより―

三波春夫さんも草葉の陰で嘆いていらっしゃるのではないでしょうか。

顧客等からのクレーム・言動のうち、当該クレーム、言動の要求の内容の妥当性に照らして、当該要求を実現するための手段・態様が社会通念上不相当なものであって、当該手段・態様により、労働者の就業環境が害されるもの。

・顧客等の要求の内容が著しく妥当性を欠く場合には、その実現のための手段・態様がどのようなものであっても、社会通念上不相当とされる可能性が高くなると考えられます。他方、顧客等の要求の内容に妥当性がある場合であっても、その実現のための手段・態様の悪質性が高い場合は、社会通念上不相当とされることがあると考えられます。

・「労働者の就業環境が害される」とは、労働者が、人格や尊厳を侵害する言動により身体的・精神的に苦痛を与えられ、就業環境が不快なものとなったために能力の発揮に重大な悪影響が生じる等の当該労働者が就業する上で看過できない程度の支障が生じることを指します。

顧客等の要求の内容が妥当性を欠く場合の例

◆企業の提供する商品・サービスに瑕疵・過失が認められない場合
◆要求の内容が、企業の提供する商品・サービスの内容とは関係がない場合
「要求を実現するための手段・態様が社会通念上不相当な言動の場合の例」

（要求内容の妥当性にかかわらず不相当とされる可能性が高いもの）
◆身体的な攻撃（暴行、傷害）
◆精神的な攻撃（脅迫、中傷、名誉棄損、暴言）
◆威圧的な言動
◆土下座の要求
◆継続的な（繰り返される）、執拗な（しつこい）言動
◆拘束的な行動（不退去、居座り、監禁）
◆差別的な言動
◆性的な言動
◆従業員個人への攻撃、要求（要求内容の妥当性に照らして不相当とされる場合があるもの）
◆商品交換の要求
◆金銭補償の要求
◆謝罪の要求（土下座を除く）
「カスタマーハラスメントによる従業員・企業・他の顧客等への影響」

◆従業員への影響
・業務のパフォーマンスの低下
・健康不良（頭痛、睡眠不良、精神疾患、耳鳴り等）
・現場対応への恐怖、苦痛による従業員の配置転換、休職、退職

◆企業への影響
・時間の浪費（クレームへの現場での対応、電話対応、謝罪訪問、社内での対応方法の検討、弁護士への相談等）
・業務上の支障（顧客対応によって他業務が行えない等）
・人員確保（従業員離職に伴う従業員の新規採用、教育コスト等）
・金銭的損失（商品、サービスの値下げ、慰謝料要求への対応、代替品の提供等）
・店舗、企業に対する他の顧客等のブランドイメージの低下

◆他の顧客等への影響
・来店する他の顧客の利用環境、雰囲気の悪化
・業務遅滞によって他の顧客等がサービスを受けられない等

企業が具体的に取り組むべきカスタマーハラスメント対策

〜カスタマーハラスメントを想定した事前の準備〜

①事業主の基本方針・基本姿勢の明確化、従業員への周知・啓発

・組織のトップが、カスタマーハラスメント対策への取組の基本方針・基本姿勢を明確に示す。

・カスタマーハラスメントから、組織として従業員を守るという基本方針・基本姿勢、従業員の対応の在り方を従業員に周知・啓発し、教育する。

②従業員（被害者）のための相談対応体制の整備

・カスタマーハラスメントを受けた従業員が相談できるよう相談対応者を決めておく、または相談窓口を設置し、従業員に広く周知する。

・相談対応者が相談の内容や状況に応じ適切に対応できるようにする。

③対応方法、手順の策定

・カスタマーハラスメント行為への対応体制、方法等をあらかじめ決めておく。

④社内対応ルールの従業員等への教育・研修

・顧客等からの迷惑行為、悪質なクレームへの社内における具体的な対応について、従業員を教育する。

～カスタマーハラスメントが実際に起こった際の対応～

⑤事実関係の正確な確認と事実への対応

・カスタマーハラスメントに該当するか否かを判断するため、顧客、従業員等からの情報を基に、その行為が事実であるかを確かな証拠・証言に基づいて確認する。

・確認した事実に基づき、商品に瑕疵がある、またはサービスに過失がある場合は謝罪し、商品の交換・返金に応じる。瑕疵や過失がない場合は要求等に応じない。

⑥従業員への配慮の措置

・被害を受けた従業員に対する配慮の措置を適正に行う（繰り返される不相当な行為には一人で対応させず、複数名で、あるいは組織的に対応する。メンタルヘルス不調への対応等）。

⑦再発防止のための取組

・同様の問題が発生することを防ぐ（再発防止の措置）のため、定期的な取組みの見直しや改善を行い、継続的に取組みを行う。

⑧①～⑦までの措置と併せて講ずべき措置

・相談者のプライバシーを保護するために必要な措置を講じ、従業員に周知する。

・相談したこと等を理由として不利益な取扱いを行ってはならない旨を定め、従業員に周知する。

ここでは、パワーハラスメントとカスタマーハラスメントについて述べてきました。まだまだいろいろなハラスメントがありますが、いかなるハラスメントも許されないことであり、起こったときには組織が被害者を守ってくれるという安心感を従業員が抱けるように取組むことが大切です。

第5章
ハラスメントの〝怒り〟について

怒りの感情とは

そもそも怒りとは、どのような感情でしょうか。「あの人はいつも穏やかで怒ったところを見たことがない」という人には怒りの感情はないのでしょうか。怒りの感情は、「喜怒哀楽」という人間にとって自然な感情の中のひとつであり、世の中に怒りの感情のない人はいませんし、なくすことも不可能です。

怒りの感情は「防衛感情」とも言われ、自分の身を守るためにある感情ということです。動物にも怒りの感情があり、敵と対峙して自分の安全が脅かされ命の危険を感じると、怒ることにより臨戦態勢となり目の前の脅威を排除するか、攻撃から逃げようとします。怒りの感情の役割は人間も動物と一緒です。

人間が怒るときは、自分の何かが侵害されている、脅威にさらされていると感じたときです。動物が命の危険を感じるのに対し、人は自分の立場、考え方、価値観、自分が大切にしているもの等が侵害されていると感じることがあります。

人が怒るのは、誰かを攻撃したくて怒るのではなくて、自分の何かが侵害されたと感じるので、それを守ろうとして怒るという手段に出るということです。

怒りは二次感情

怒りの感情は空から降ってくるものでも、どこからか突然現れるものでもありません。怒りの感情には、生まれてくる仕組みや背景があります。怒りを感じるときには必ず何かが隠れています。氷山モデルというのがありますが、氷山は見えているところは全体の10％といわれています。海面下に90％が隠れていて、実はそこに怒りの第一次感情が隠れています。

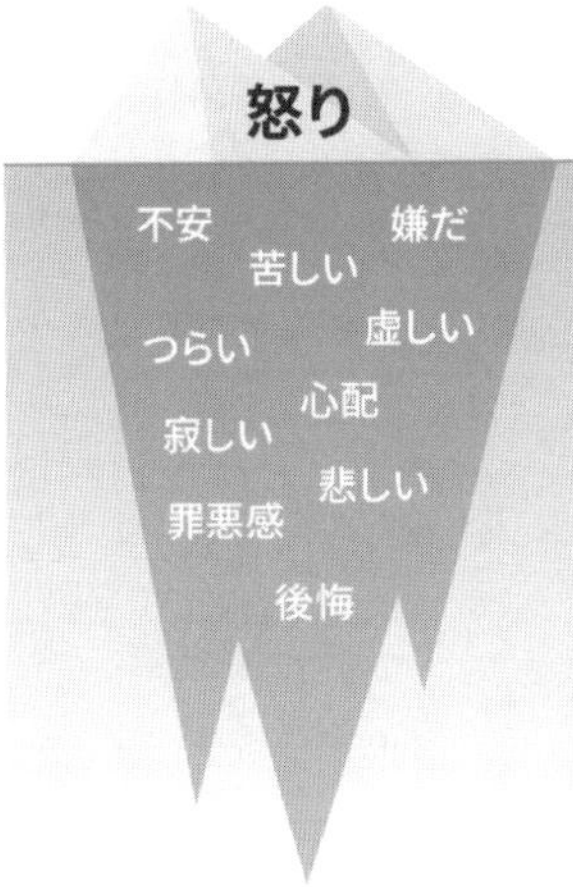

本来なら、その一次感情を素直に表せばよいのですが、そこをわかってもらえないと怒りで相手に伝えてしまうわけです。お客さまから苦情やクレームをいただいたときに、「まぁ、そうお怒りにならず」などと言うと、「怒ってないわよ！」と言われることがあります。これ

は、本来わかってほしい感情は別のものだからです。

私たちを怒らせるものの正体は

ミスが多い部下に対して、何を教えても一度では理解できない新人に対してイラッとする、ムカッとすることはいろいろありますが、自分はなぜ怒っているのでしょうか？　わかっているようで実は説明できないのではないでしょうか。

〈職場での例〉

明日の始業後すぐの会議で使う資料を部下が作成している。お昼休みに確認したところ、今日中に終わるとの返事であった。ところが、終業時刻間際になって終わらないと部下が言ってきた。さらに、半分しかできていないとのこと。

こんなとき、大抵の上司は「なぜ早く言わなかったのか」、「なぜ今になって言うのか」、「こんなに時間がかかって半分とはどういうことだ」と、怒りを感じるでしょう。さて、このときあなたが怒りを感じる理由はなんでしょうか。部下その人に怒りを感

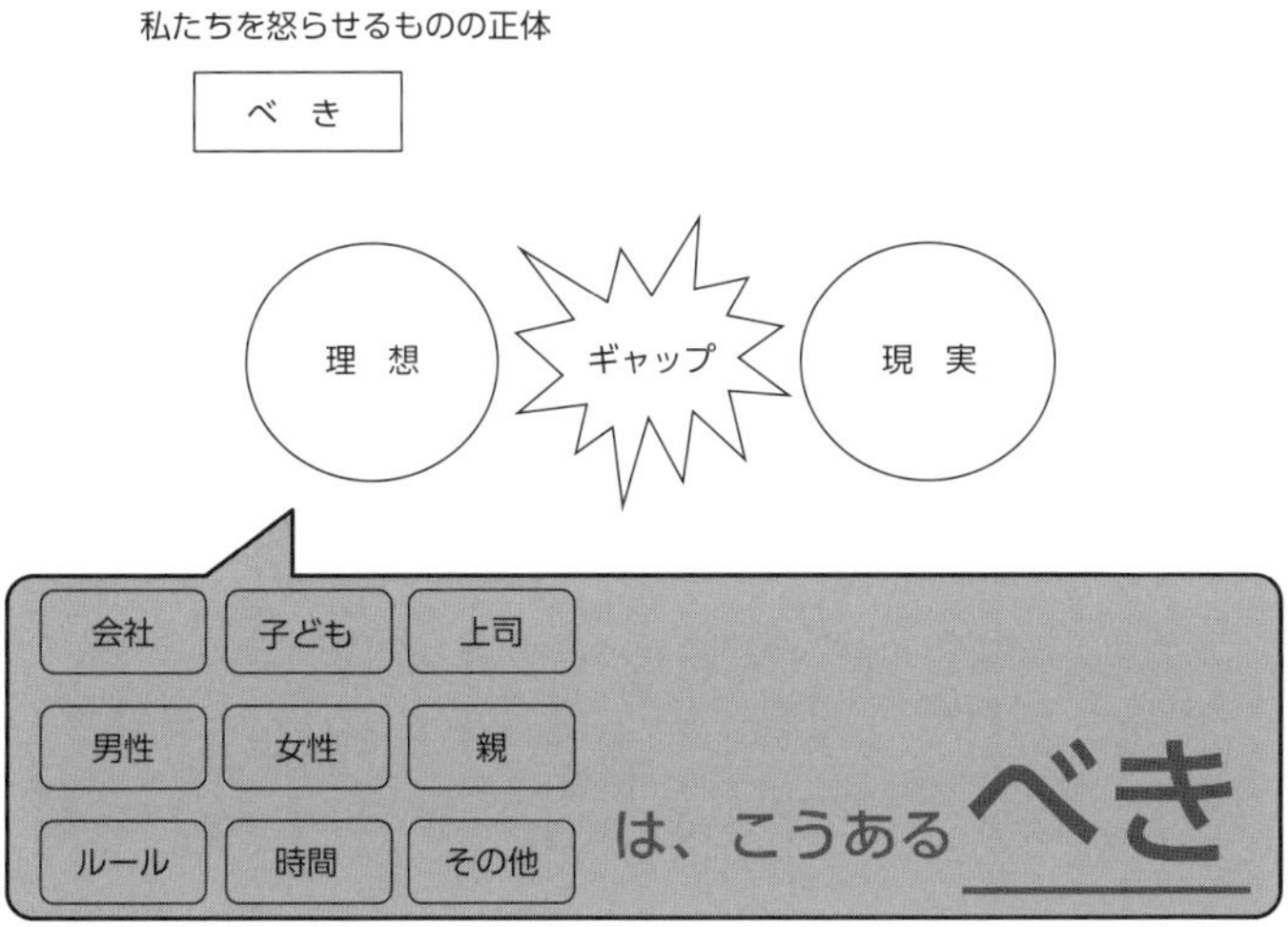

じているのでしょうか。それとも終業間際に言ってきたことでしょうか、あるいは半分しかできていなかったことでしょうか。怒りを感じる理由は、「誰か」なのか「出来事」なのか、意外と難しいですね。

私たちが怒る理由は、自分が信じている**「べき」**が裏切られたからです。「べき」の他にも「常識」、「当たり前」、「普通」という表現もできます。「～するべき」、「～するべきでない」の「べき」とすると、人はそれぞれいろいろな「べき」を持っています。「部下はこうあるべき」、「会社はこうあるべき」、「マナーは守るべき」、「子どもはこうあるべき」と少し考えてもたくさん出てきそうです。

そして、これら自分が信じている「べき」が裏切られると怒りを感じます。例えば、「マナーは守るべき」と思っている人が駅のホームで、整列乗車をしている乗客の列に割り込んで乗車をする人がいたら、イラッとします。

先ほどの例で、上司は、「もっと早く言うべき」、「これくらいの量の仕事はできるべき」という「べき」が裏切られたから怒りを感じるわけです。ということは、自分にどのような「べき」があるのか、また自分の周りの人がどのような「べき」を持っているかがわかれば、どのような状態になると怒るのかわかるようになります。私たちが怒る理由は誰か、出来事など外にあるのではなく、自分の中にあるということです。

怒りが生まれるメカニズム

私たちの怒りは、「出来事→意味付け→感情」という流れで生まれます。怒る理由が誰か、出来事という外にあるものではなく、自分の中の「べき」であるので、自分で考えることに、自分の感情に自分で責任を持つことができるのです。私たちが遭遇する人、出来事には意味はなく、そこに意味をもたらすのは自分です。自分が人、出

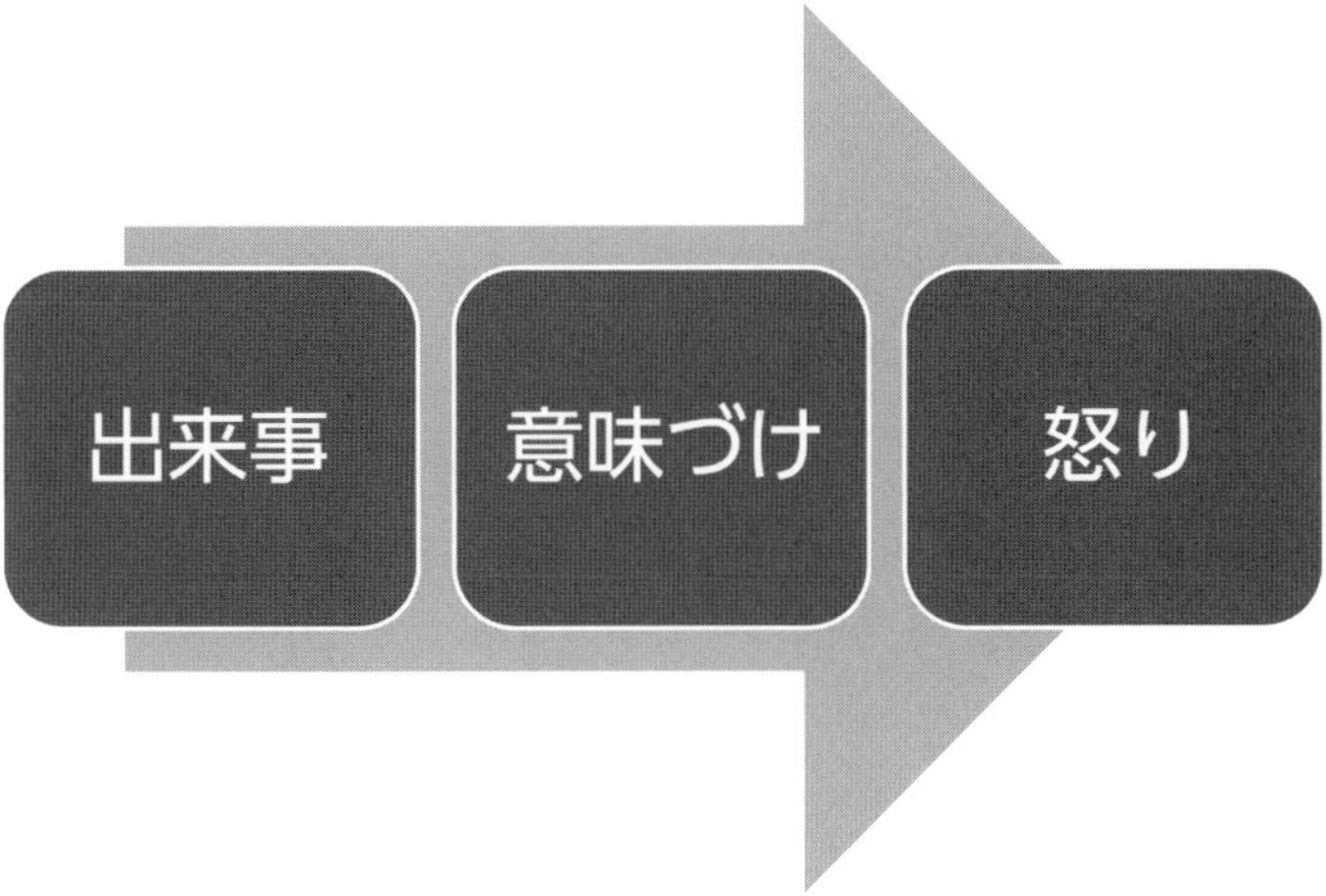

来事をどう受け止めるかにより意味付けが変わります。
　例えば、仕事上のミスについて課長から叱責されたとします。Aさんは、「なんで叱られるんだ。これくらいのミスを多めに見ないなんて上司として器が小さいよ」と意味付けをしたとすると生まれるのは怒りの感情です。
　一方Bさんは、「そうか、課長はボクに期待してくれているから細かいところまで見てくれているのか。ありがたいな」と意味付けをすると、反対にうれしいという感情が湧いてきます。何か出来事が起こったときに、それに対してどう意味付けするのかにより、その後に生まれる感情は全く違うものになります。意味付けをするのは自分です。その後の感情を左右するのは自分しかいないということです。

ゆがんだ意味付けに注意する

出来事に遭遇すると、自分が信じている「べき」を自分の中にある辞書のようなものに照らし合わせて考えます。例えば、「部下は上司の言うことを聞くべき」と信じている上司に、部下が意見を言うと、上司は自分の辞書には「部下は上司の言うことを聞くべき」と書かれているので、部下が意見を言うことは間違っている、あり得ないと意味付けをします。意味付けは本人の自由といっても、ゆがんだ意味付けは本人にとっても周りの人にとっても健全ではありません。

部下は上司の言うことを聞くべき」は行き過ぎた「べき」であり、ゆがんだ意味付けを招いてしまいます。その結果、部下に怒りを感じパワハラにつながることが考えられます。部下が意見を言うことは、必ずしも上司に反抗していることにはなりません。

“べき”の扱いは難しい

自分の「べき」が上手に扱えるとアンガーマネジメントは上達していきますが、次の３つの理由により難しいといわれています。

１）全て正解

どのような「べき」でも、それは本人にとっては正解です。

２）程度問題

多くの「べき」は程度問題です。「時間は守るべき」という「べき」は多くの人が持っていますが、約束の時間に対しての許容できる時間は人により意外と違うようです。

３）時代、場所、立場によって変わる

環境や世の中の状況により変わることもあります。マンションのエレベーターで同乗したら、昔は「挨拶すべき」が当たり前だったかもしれませんが、現在は防犯上「知らない人には挨拶すべきではない」と思う人も大勢いるようです。

怒ることと怒らないことの境界線をつくる＝思考のコントロール

怒る必要のあること、怒る必要のないことの線引きができるようになり、怒りの感情で後悔をしなくなるというのがアンガーマネジメントの目的でした。そのために、思考のコントロールとして自分の怒る必要のあること、ないことの境界線を考えてみます。次のような三重丸を使います。

一番中心にあるのは、「**許せるゾーン**」で、出来事が自分の信じていることと同じ状態で起きたということです。例えば、「マナーは守るべき」という「べき」を持つ人の目の前の人たちが、自分が思うのと同じにマナーを守っている、つまり「自分と同じ」といえます。

二番目は、「**まあ許せるゾーン**」で、自分が信じていることとは「少し違うが許容範囲」であるゾーンです。「マナーを守るべき」でいえば、自分が思う完璧ではない

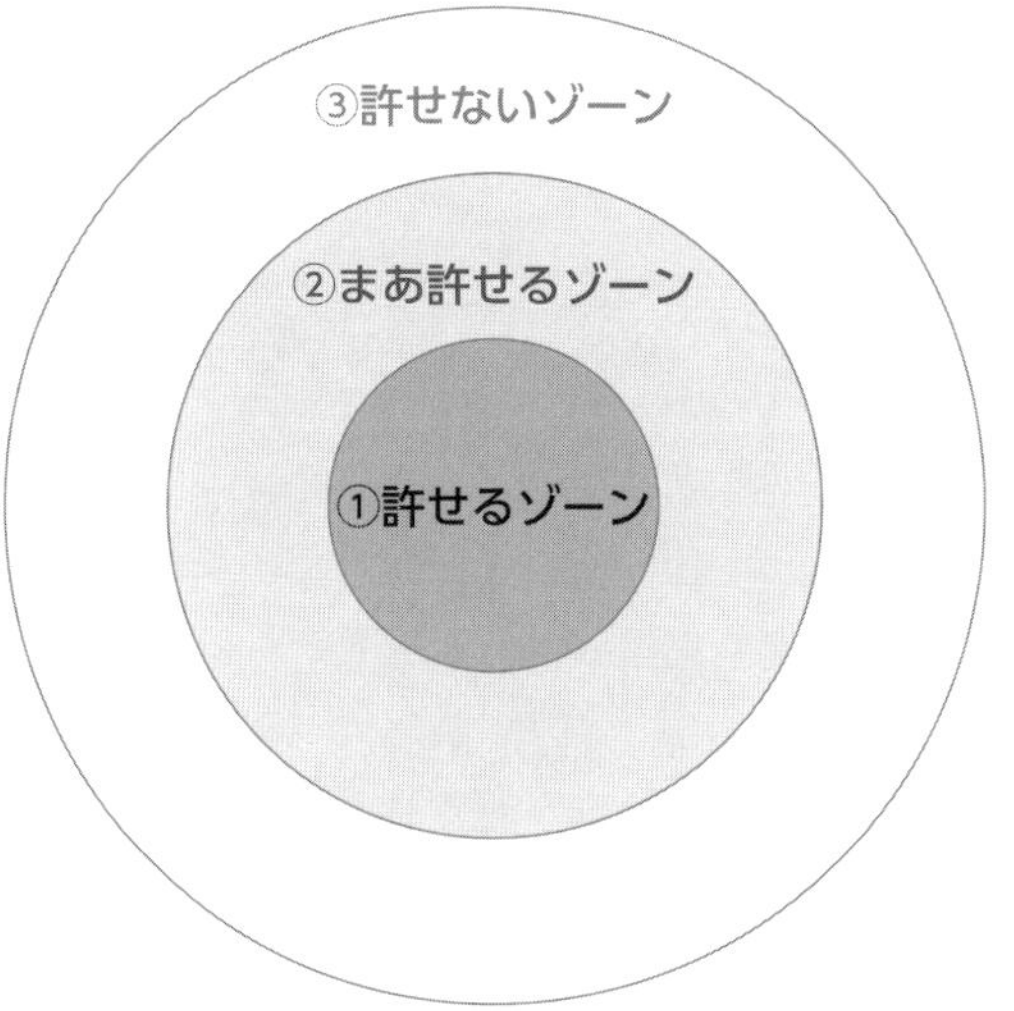

が、まあよいか、許容範囲だろうという状態です。

一番外側は、**「許せないゾーン」**で、自分の「べき」と照らし合わせたときに、どう考えても許せない、受け入れられない「自分と違う許容できない」ゾーンです。マナーの例ですと、自分にとっては明らかなマナー違反で、あり得ないレベルということです。

三重丸では、真ん中の②まあ許せるゾーンの外側の線が最も重要な線です。なぜならば、ここが怒る必要のあることと、怒る必要のないことの境界線となるからです。この線の上にあるのが「後悔」です。怒って後悔するなら怒らないほうがいい、怒らなくて後悔するのならば怒ったほうがいいということです。

三重丸の二つの大きな問題

1）三重丸は見えない

自分が許せる、まあ許せる、許せないの基準が他の人にはわからないですね。誰かに怒ったときに、どうすれば100点だったのか、どれくらいならまあ許されたのかを言う人はなかなかいないでしょう。何が、どこがダメだったのかを言うばかりです。怒られた相手は、どのくらいまでできれば怒られなかったのかがわからないので、また同じことを繰り返してしまいます。

2）三重丸の境界線が日々動いている

この境界線が日々動いているというのは、その都度怒る基準が変わるということです。例えば、毎日同じように業務日報を書いているのに、ある日は何も言われないのに、ある日は書き方が悪いと怒られる。怒られても「なぜ今回だけあんなに怒られるのだろう」と、わからないし混乱してしまいます。

なぜこのようなことが起こるかというと、三重丸は機嫌に支配されているからです。機嫌がいい日は二重丸は大きくなり、相手に寛容になれます。ところが、機嫌が悪い日は二重丸がせまくなり、普段は気にならないことも許せなくなってしまうのです。日によって、または状況によって怒る基準がまちまちだと怒られる相手は大いにとまどいます。怒る基準を期限ではなく、いつでも、どこでも、誰に対しても、同じにするようにしましょう。

そのためには、自分の怒るルールを決めておきます。部下に指導をするときに、それまでに部下にたいして怒ったことを振り返り、そのときの三重丸を考えてみます。どうであれば「許せるゾーン」なのか、「まあ許せるゾーン」にとどまるのかを繰り返し考えていると、自分の中で徐々に怒るルールができてきます。

ルールをつくることはパワハラ防止の観点からも非常に大切です。機嫌でなくルールで怒るから、誰にたいしてもフェアに怒ることができます。フェアに怒れるようになると、境界線を越えにくくなります。なぜならば、普段からルールを冷静に考えているからです。さもないと、あの人には怒らないのになぜ自分だけ怒られるのかと不信感を持たれてしまいます。

怒るときの4つのNGワード

①過去を持ち出す言葉

「前から言っているけど」「何度も言っているけど」という言葉があります。怒られている相手からすると、今は関係ないのになぜ前のことを持ち出すのかと不信感を募らせることになります。

②責める言葉

「なんで?」「なぜ?」という言葉です。怒っている側は理由を聞きたくなりますが、怒られている側とすれば理由を聞かれるほど責められていると感じてしまいます。責められたと思うと、その場から逃げたい気持ちが強くなるので言い訳しか出てこなくなります。

③決めつける言葉

「絶対」「いつも」「必ず」という言葉です。

これらの言葉は本来100%という意味であり、怒る側が「いつも」と言うと、怒られている側は「いつもじゃないのに」と思ってしまいます。

④程度言葉

「ちゃんと」「しっかり」「きちんと」という言葉です。つい使いがちな言葉ですが、どの程度なら「ちゃんと」なのか、実はよくわからず、相手には伝わらない言葉といえます。

指導者に必要なパワハラ防止のコツ

①部下の性格を理解して指導する

人は感情の生き物であり、それぞれの個性があり、性格があります。皆が同じ考えを持ち、同じ行動をすることはありません。この当たり前のことをおろそかにすると、部下との間で行き違い多くなり、パワハラにつながることがあります。人の性格はさまざまですが、パターンでとらえてみると対応の仕方がわかりやすくなります。

行動的な人、慎重な人を考えてみましょう。行動的な人は後先考えずに行動する傾向があります。上司に対しては、許可をとる前に行動したり、事後報告が多かったりということが考えられます。このタイプの部下に、「慎重に行動するように」と叱責しても恐らく先に行動するでしょうし、何度言っても慎重に考えることは難しいでしょう。慎重に考えさせるのではなく、積極的に相談しにくるように指導すれば、相談するという行動をするという、その人の性格や行動特性にあった指導となります。

一方、慎重に考えすぎてなかなか動くのが苦手な部下には、どうすれば行動に移すことができるのかを一緒に慎重に考えてみます。ここで、動かないからと怒鳴ったり過度にプレッシャーをかけたりすると、相手は精神的に追い詰められ、場合によってはパワハラだというかもしれません。指導というのは相手に伝わってこそのものです。画一的な指導方法では気づかぬうちにパワハラの加害者となるかもしれません。

②価値観の違いを受け入れる

私たちが怒るのは、自分の信じている「べき」が裏切られたときでした。「部下はこうあるべき」「仕事はこうするべき」等も人によって違うものであり、信じている人それぞれにとっては全て正解という特徴もありました。

以前は、価値観はどちらかというと一緒であることが求められていました。例えば、終身雇用、上司が残業していれば部下は帰らない、職場の飲み会には参加する等、今では考えられない不文律のようなことがまかり通っていました。

今では、ダイバーシティ（多様性を受け入れる）が当たり前となってきて、人の価値観はそれぞれで職場での価値観もばらばらで構わないといえます。職場のリーダーは、多様な価値観を持つ人たちのルールをつくり、まとめ、自分とは違う価値観の人を排除するのではなく、受け入れる職場風土を醸成することが大切です。

アサーティブコミュニケーション

ハラスメントの被害者・加害者にならないために、アサーティブ（アサーション）をご紹介します。

自分の気持ちを率直に伝える、自分の考えを誤解なく伝えることが難しいと感じることはありませんか。また、言い過ぎてしまう、はっきり言えるようになりたい、上手に断りたい、攻撃的な言い方をやめたい、自信をもって人と接することができるようになりたい……でも、どうしたらそのようにコミュニケーションすることができるのでしょうか。それがアサーティブコミュニケーションです。

アサーティブ（Assertive）とは「積極的な」「自己主張する」という意味です。アサーティブコミュニケーションとは、自分の意見を押し通すことではなく、相手を尊重しながら自分の意見や要望を伝えるコミュニケーションスキルの一つです。

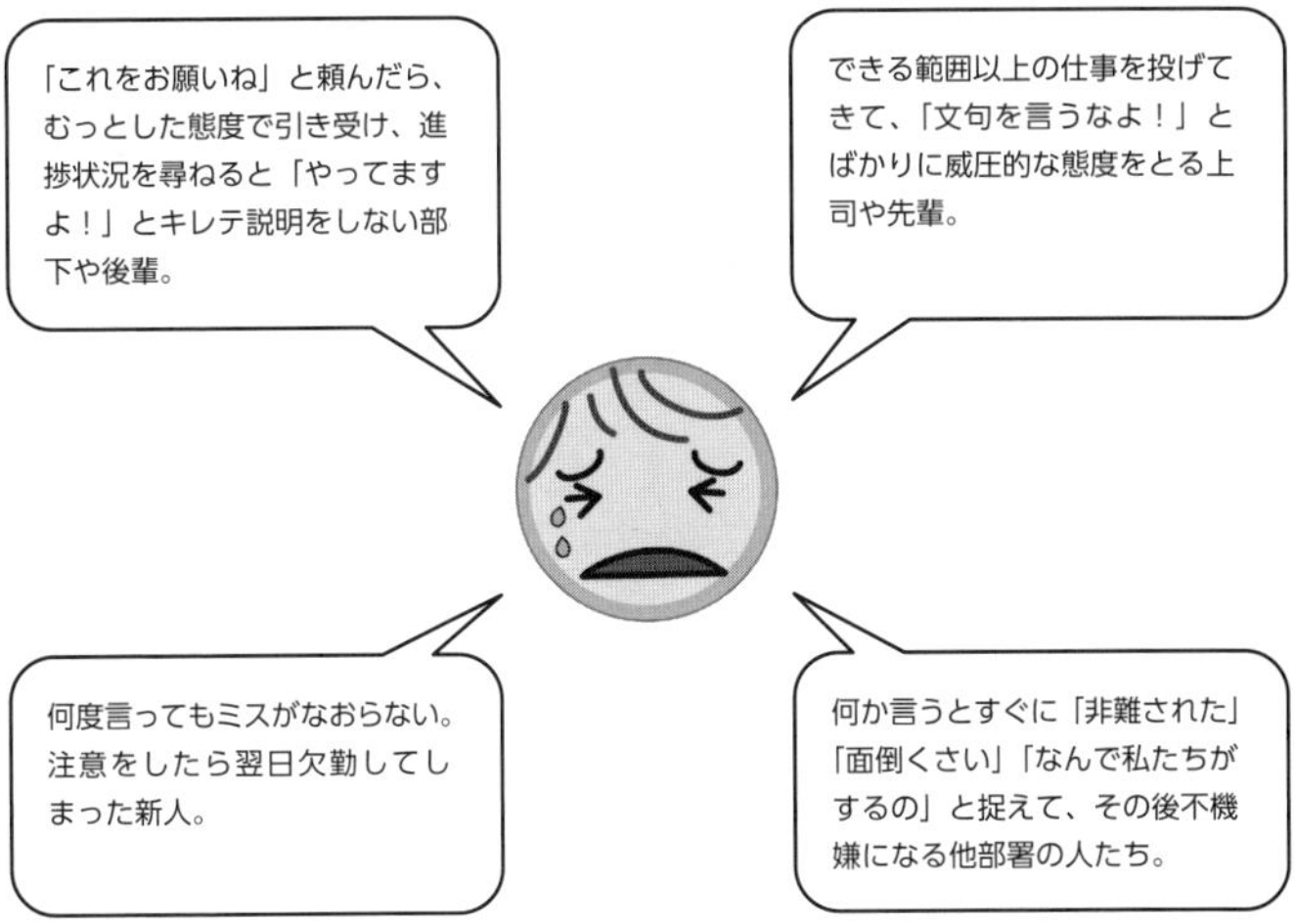
「これをお願いね」と頼んだら、むっとした態度で引き受け、進捗状況を尋ねると「やってますよ！」とキレテ説明をしない部下や後輩。
できる範囲以上の仕事を投げてきて、「文句を言うなよ！」とばかりに威圧的な態度をとる上司や先輩。
何度言ってもミスがなおらない。注意をしたら翌日欠勤してしまった新人。
何か言うとすぐに「非難された」「面倒くさい」「なんで私たちがするの」と捉えて、その後不機嫌になる他部署の人たち。

アサーティブを支える4つの～心の姿勢～

1）誠実であること

・自分自身に誠実になる

心と体が「イヤだ」と言っているのに、頭で「自分はイヤだと感じるべきではない」と説得して行動していると、自分の気持ちに不誠実になります。「元気なふり」「できるふり」「できないふり」など「ふりをすること」は自分に対して不誠実な態度の典型です。

・自分に誠実でないと相手に誠実になれない

例えば、友人に誘われたときに「今回は行きたくない」と感じたとします。その気持ちにふたをして、「いいね、行こう」と言っても気が進まない気持ちはなくなりません。当日、無理をして来てあげたと態度に出たりして、言行不一致となり相手をがっかりさせてしまうことになりかねません。

誠　実
自分に対しても相手に対しても正直であること。相手がどう思うのかの前に自分の気持ちに素直になり、自分の気持ちに誠実になる。
率　直
気持ちや言う級を伝えるときは相手に確実に伝わるように伝えること。遠回しにしたりせず、具体的に簡潔に、そして直接伝える。
対　等
相手と向かい合うときは、自分も相手も尊重した対等な態度をとる。必要以上に卑屈にならず、相手を見下すこともしない。
自己責任
自分の行動によって起こる結果に責任を持つこと。伝える、あるいは黙っていると選択したら、その結果の責任は自分で引き受ける。

２）率直であること

・相手に届くよう「具体的に」伝える

言いたいことを言うのではなく、本当に伝えたいことを相手に伝わるように話します。

・私を主語にした「Ｉ（アイ）メッセージ」で伝える。（前述）

「あなたは考えが足りません」のようにあなたを主語にした「Ｙｏｕ（ユー）メッセージで言われると、たとえそれが正しい指摘であっても頭ごなしに否定されたと反発されるかもしれません。これを「私には、あなたが十分考えているようには思えません」と「Ｉメッセージ」ですと、私がどう思うか、感じるかと言っているので、辛辣なことを言わざるを得ない場合でも対話の余地が残されます。

3）対等であること

・態度も心の中も対等に

役職や役割を無視してなれなれしい態度や言葉で話すということではありません。態度や振る舞いが常に相手と同じ目線であることと、心の中で相手を見下す、逆に自分を卑下しないということです。話している相手が、大企業の社長だったら？　電車の中の酔っ払いだったら？　著名な俳優さんだったら？　障害の重い人だったら？　相手が誰かによって心のまなざしを変えていないかを考えましょう。

4）自己責任を持つこと

・自分の感情を相手のせいにしない

「自分がこうなるのは相手のせいだ」と、他人のせいにしないことです。人間関係のコミュニケーションはフィフティ・フィフティです。例えば、二人の間で交わされた会話で自分が100%悪い、または相手が100%悪いはありません。例え相手が100%悪いように思えても、自分がそれまで相手にどう接したのかを振り返ると何%かの非は自分にもあるはずです。「言ったはずなのに伝わっていない」というのは、伝えた自分にも責任があると考えるのがアサーティブな対応です。

言いたいことを確実に伝えるために

「伝える」というのは「言いたいことを言う」のではなく、「本当に伝えたいことを相手が理解できるように話す」ということ。

・こちらが「伝えたつもり」でも、相手に「伝わっていない」「理解されていない」

・「言ったはず」「いいえ、聞いてません」と内心腹を立てながら話す

・上司から「この前話したよね」と言われて、「えー、そんな意味だと思わなかった」と驚いた

アサーティブに要望を伝えるときに覚えておくべき前提は、「自分と相手とは、価値観も考え方も受け取り方も違う人間だ」ということ。

・伝わるように話す責任は自分にある

何を本当に伝えたいのかを整理する3つのポイント

1）具体的・現実的な要望

1．「自分の望み」を絞る

事例：仕事熱心な上司は情報を抱え込み、相談なしで物事が決まる

「チームの中で情報を共有したい」（曖昧な要望）

「情報共有をしたいので、毎週月曜日の朝10分程度のミーティングを持ちたい」（具体的な要望）

2．「ちゃんと」「きちんと」は意味がない

事例：後輩が提出期限を守らない

「提出期限はちゃんと守ってほしい」（曖昧な要望）

「報告書は締め切りの前日17時までに、A4サイズ1枚にまとめて私に提出してほ

しい」（具体的な要望）

２）客観的な事実

事例：同僚が時間通りに出勤しない
「時間は守ってほしい」（自分の要求だけを相手に言っている）
「あなたがいないときに、お客さまから問い合わせがあり困ったの」（客観的事実）

３）自分の感情

事例：後輩が新人指導の担当になりました。熱心なあまり、ときどき一方的できつい言い方になり、新人が委縮してしまいます。
「そんな言い方をしたら新人が委縮してしまうよ」（感情的）
「せっかく熱心に育てようとしているのに、そういうアプローチだとかえってよくない結果になるのではないかと思って心配だな」（自分の気持ちを開示）

これはＮＧな叱り方６選

１）全否定

⇓「全然ダメ」というようにその全てを否定する叱り方。

部下はどこがどのようにダメなのか、どのように修正したらよいのかがわからず、失敗を次に活かすことができません。

２）他人との比較

⇓「Ａさんはできているのに、なんで君はできないんだ」というように他人と比較する叱り方。

能力や状況は、人やタイミングにより異なります。他人との比較ではなく、個人を見て改善点を指摘しましょう。

３）Ｗｈｙ＋過去形の否定形

⇓「どうしてそのときに確認しなかったんだ！」というように、過去の行動に対して「Ｗｈｙ」を問う叱り方。

最もよくある叱り方だと思いますが、多くの場合、「すみません」「考えが甘かったです」など、失敗を繰り返さないような良い振り返りにつながりません。「次に同じような状況になったらどうする？」という問いを投げかけ、本人が自分自身で改善策を考えるようにしましょう。

４）叱るだけで終わる

⇓「こうすればよかっただろ！」と叱るだけで終わる叱り方。

３）と同様に「はい」「すみません」と委縮してしまい、本人が自分自身で改善策を考えるようになりません。

５）問題性のない話まで持ち出す

⇓「ついでだから言うけど、あのときも……」

というように日頃のうっぷんを一気に放出する叱り方。

これを言われても本人としては「だったらそのときに言ってよ」「今はその話は関係ないでしょう」とあなたに対する信頼を失うだけです。指導者と指導される者の関係で最も重要なのは「信頼」です。関連の薄い話は出さないようにしましょう。

6）目を合わさないで話す　⇓　最後は態度の問題です。

例えば、部下が失敗を報告に来たときに、いくら忙しいからといって上司が目を合わさないで話を聞くのはＮＧです。

パワハラにならない叱り方〝あれ、グミか？〟

「あ」……Ｉ（アイ）メッセージでＩ（アイ）メッセージとは、「（私は）～してほしい」「（私は）～が心配だ」「（私は）～と思う」という「私」を主語にしたい言い方です。

「わかったか、わからないところがあるか、教えてくれると私は助かるな」「あなたが落ち込んでいると、私は心配です」のように、相手の何らかの行動に対する自分の感情を伝えることができます。自分の考え・感情を提案している印象で、相手は受け取りやすくなります。

一方、「（あなたは）なんでこんなこともできないのかなぁ」という言い方は、「あなた」を主語にした「Ｙｏｕ（ユー）メッセージ」と言います。相手に対し、「攻撃的」な印象を与えるメッセージとなり、それが正論であれば余計に相手に逃げ場を失くしてしまう可能性があります。

あ・・・I（アイ）メッセージで
れ・・・冷静に
グ・・・具体的に・正確に
ミ・・・短くひとつだけ
か・・・変えられることに焦点を当てる

望ましい言葉の具体的

「私は」を主語にしたI（アイ）メッセージ

・～してくれると（私は）うれしい
・（私は）あなたにこうなってほしい
・（私は）こう思うけれど、あなたはどう思う？

・あなたのおかげで（私は）助かった
・よく頑張っているなって、私は思う
・ここを直したら、もっとよくなると（私は）思う

「あなた」を主語にしたＹｏｕ（ユー）メッセージ

・（あなたは）わかったの、わからないの？
・（あなたは）今まで何を聞いていたの？
・（あなたは）何度も言われているよね
・〇〇さんはできたよ（なのにあなたは）
・（あなたは）お客さまに対して責任を持ってるの？
・（あなたは）本当にこの仕事がしたいわけ？

「れ」・・・冷静に

多くのパワハラの例では、大声で怒鳴る、感情をぶつける、「だから！」と相手の言葉にかぶせる、机を叩くなど、冷静さを失う言動があります。感情に支配されない

ために は、自分の身体や呼吸に意識を集中させましょう。「ドキドキしている」「呼吸が浅くなっている」と感じるだけでも感情に振り回されずに落ち着くことができます。

「グ」・・・具体的に

メッセージが抽象的だからすぐにパワハラにはなりません。具体的でないと相手と齟齬が生じ、余計にイライラすることがあります。例えば、「ちゃんとやって」とは、何をどうしろということなのか、叱られた方はわからないでしょう。しかし、怖いので「わかりました」と言ってしまいます。具体的に叱らないと相手には伝わりません。

「ミ」・・・短く一つだけ

多くのパワハラ事例では、繰り返し・継続的に行われています。叱るときは長時間ではなく、短い時間で叱るようにします。10分以内に収めるようにしましょう。叱られると、人は一瞬思考停止になり、叱られるという想定外のことをすぐには受け止められません。そのときに「あ、そういえばあのときも・・・」「それからあの件でも・・・」と複数叱られると混乱してしまいます。

「か」・・・変えられることに焦点を当てる

パワハラ事例では、性格・性別・人格・経歴・出身など、変えられないことに焦点を当てて叱っていることがあります。

「根暗な性格だからアポ取れないんだよ」「（前職について）あの会社の出身なの？あの会社の人って使えないよね」「センスないなぁ」などです。変えられることとは、相手の言動です。「書類のミスがあるので、もう一度確認してほしい」「次にミスが起きないような対策を考えて報告するように」等、具体的に変えてほしい行動を示します。

上司に言われてやる気をなくした言葉

・「やる気ある？」（これを言われると、逆にやる気を失うことがある）
・「言ってる意味わかる？」（何度も言われるとイラッとする）

・「なんでこんなこともできないの？」（「どうしたらできるようになるかな」）
・「使えないなぁ」（自分を否定されたような気持ちになり非常にショック）
・「ちゃんと考えた？」（頭ごなしに否定せず「こういうふうに考えるとどう？」）
・「真面目にやってる？」（相手にネガティブな感情を与えるだけ）
・「言われたことだけやってればいいよ」（自分の存在意義がなくなる）
・「前にも言ったよね？」（言われると心が折れる、落ち込む言葉）
・「何度も同じことを言わせるな」（部下に同じミスをさせないのも上司の役目）
・「もういい」（完全に自信を失います。その人に仕事を任せたのは上司です）

・「そんなこと常識でしょう」（あなたの常識わたしのびっくり！　もあります）
・「期待した俺がばかだった」（勝手に期待されて失望されても困る）
・「ありえないでしょ」（指摘する際は一度肯定的な意見を述べてから進める）
・「自分勝手にやるな→自分で考えてやれ」（どちらか戸惑います）
・「あなたじゃなくてもできる仕事だから」（じゃぁ他の人に頼めばよろしいかと）
・「あなたじゃ無理」（あーそうですか）
・「言い訳はいいからやって」（意見として聞いた方が納得感をもちます）

この〝NG表現〟は言い換える

1）「あなた」や「一般論」を主張しない

自分の気持ちは自分のもの。「私は○○」というように、自分を主語にして（前述のIメッセージ）表現します。怒りは自分の中で起きている感情です。相手と自分の感情が違うからこそ理解できずに不愉快になったり、戸惑ったりします。また、「常識じゃ考えられない」「みんなそうしている」「誰だってイヤだよ」などのように一般論にすり替えないことも大事です。一般論を持ち出すと、相手は「責められた」「否定された」と感じて拒絶反応を示します。

×「あなたのせいでムカつく」

↓

○「私はあなたの行動に腹を立てているの」

×「常識じゃ考えられない」
↓
○「僕はちょっと違うと思うんだ」

×「なんであなたはそうなの！」
↓
○「私だったらその方法はしないな」

②レッテル貼りをしない

私たちは、つい自分のフィルターを通して相手を見る傾向があります。「いい加減な上司」「やる気のない新人」「できない人」などと、始めから心の中で見下したり、バカにしたりしていませんか。これが、レッテル貼りです。このような思いがあると、言葉の端々に表れて、「あなたが悪い」「君は間違っている」というメッセージとして相手に伝わります。自分の価値観は、ふとしたときに出てしまいます。一度、自分の口ぐせを点検してみるとよいでしょう。

×「だから××（女／男／新人）はダメなんだ」
↓
○「○○さんの、このやり方は変えてほしい」

×「一人っ子だからわがままなんだよ」
↓
○「独りよがりになるのは、まずいと思う」

×「○○さんはマイペースだよね」
↓
○「○○さん、何かをするときには、相談してほしいいな」

×「いつだって自分の思い通りに進めるよね」
↓
○「私の意見を聞いてもらえないのがイヤなの」

3）お説教をしない

「○○すべきだ」「○○を感じないのはおかしい」などと、人は意見を押し付けられるとその時点で反感を持ちます。そして、「この人は自分をわかってくれない」と判断します。よほど強い信頼関係を築いていない限り、二度と耳を傾けたくないと思うでしょう。何かをお願いしたいときは、「どうなってほしいのか」という要望で伝えましょう。また、ダラダラと続けると、相手にはグチやお説教のように聞こえるので事実を簡潔に伝えるようにします。

×「××について、もっと反省すべきでは」
↓
○「これについては考え直してほしい」

×「もっと真剣に考えてよ」
↓
○「一緒にいい方法を考えてほしい」

×「これを有難いと思わないのはおかしいよ」

↓

○「私はこれで十分だと思うけど」

4）相手や自分の「人格・正確」を否定しない

「どうしようもないね」「そんな性格だから○○なんだよ」などと、相手の人格を否定するような言葉は使ってはいけません。家族のように親しい人に使っていませんか。また、「こんなこと言ってもどうせ伝わらないと思うけど」『どうせ私はバカだし」「こんなこと言ったら私のこと嫌いになるでしょ」などと表現すると対等な関係でなくなるため、要望を伝えても取り合ってもらいづらくなります。

×「バカじゃない！」

↓

○「私はそうは思わないわ」

×「どうしようもないわね、あなたは」
↓
○「できていないことがとても残念だわ」
×「どうせわかってくれないと思うけど」
↓
○「わかってほしいから言うんだけど」

5）第三者を巻き込まない

「○○さんも、△△さんも、言ってました」というように、「一対多」にして相手を追い込まないようにしましょう。ネガティブなコメントほど、「私とあなた」という「一対一」で伝えます。相手を追いつめようとすれば、相手は逃げ場を失い反撃するか、あなたに怨みを抱くことになります。

×「○○さんも言ってたけど」
○「○○さんが言っていたのを聞いて、私もこう思った」
×「他の人も同じように思っているんじゃないの？」
○「他の人も言っているかもしれないけど、私自身はこう思う」
×「チームみんなが迷惑しているよね」
○「チームがこういう状態で、私はまずいと思う」

6）あれこれ過去の事実を持ち出さない

ひとつのことを言い始めると、過去の同じような出来事を次々と思い出すものです（前述）。しかし、過去の出来事をあれこれ持ち出すと、相手はうんざりしてしまいます。「一回に伝えるメッセージはひとつだけ」にしましょう。

×「昨年も、二年前も××だったよね」

○「今回のことはよくないと思うんだ」←

×「これまでもずっとそうだったよね」

○「今回またこういうことが起こって、正直ガッカリしたんだよね」←

×「やっぱりいつも口だけなのね」

○やろうという気持ちがあるなら、しっかりやってね」←

何を非難されているかわからないときは、踏み込んで尋ねる

相手にダメージを与えるだけで双方の問題を解決する手助けにならないのは、抽象的な言葉で相手を非難することです。

「やる気がないんじゃないの？」

「いい加減だよね」

「あなたはダメね」

と否定されているように感じます。自分のどの言動が非難されているのかわからないときは、相手に尋ねることでお互いのすれ違いをなくしましょう。これも相手の言葉を受け止める技のひとつで、パワハラの被害者にならないための第一歩です。

・「仕事が雑だよね」と言われたら、
「どの点が雑だと思われましたか、具体的に教えていただけないでしょうか」

・「人の話を聞かないよね」と言われたら、「そう、どんなときに〝聞いてない〟と思ったか教えて」

・「いつも手抜きしてるよね」と言われたら、「手抜きしてるつもりはないんだけど、どんなときにそう思った？　教えてくれない？」

第6章

チームワークの重要性

これが仕事の仕方の基本

前章までの「接遇」についての心構えやスキルを、チームの一員として活かすために、本章ではチームワークの大切さを確認しましょう。

指示・命令の受け方

・名前を呼ばれたらすぐに「ハイ」と返事をする。
・メモを取る準備をして、上司の前に行く。
・5W3Hの原則に従い、要点をメモする。
・途中でさえぎらず、最後まで聞く。
・聞き終わったら要点を復唱する。
・わからない点はその場で確認する。
・指示が重なった場合は、優先順位を上司に確認する（自分の判断で進めないこと）。

報・連・相（報告・連絡・相談）

①報告のポイント～

・指示（命令）を受けた人に報告する。
・仕事が終わったらすぐに報告する（催促されてからでは遅い）。
・事実をありのままに簡潔に報告する。
・報告は結論→理由→経過の順におこなう。
・悪い報告ほど早くする。
・自分の推察、感想などを入れるときには、はっきりと断り了解を得てから最後に申し述べる。
・以下のような場合は中間報告をする。
◆仕事が長期にわたる場合
◆状況が大きく変わったとき
◆時間内に終わりそうもないとき
◆予定どおりに進まないとき

◆自分では判断や処理に迷うとき

②連絡のポイント〜
・伝言メモは本人の手に渡るまで責任を持つ。
・自分の行動状況や受けた情報は必ず伝える。
・確認の連絡は事実情報を共有化する第一歩。
・重要な連絡は複数の方法を併用し、受信を確かめる。
・悪い情報ほど早く連絡する。
・「お礼」は鮮度が大切な連絡。

③相談のポイント〜
・相談する内容によって相手を選ぶ。
・相手の状況をみて相談するタイミングを計る。
・相談するタイミングがわからなければ、「今、お時間よろしいですか?」と一声かけて、相手の返事に従う。

・相談の内容は簡潔に、具体的に伝える。
・相談の答えとして、アドバイスか、支援か、何をしてほしいのかをはっきり言う。
・相手の言うことは素直に最後まで聞く。
・わからないことは丁寧にその場で聞く。
・時間をとってもらったことに感謝する。
・相談したら、必ず結果を報告する。

5W

Why	なぜ
Whta	何を
When	いつ
Who	誰が
Where	どこで

3H

How	どのように
How much	いくらで
How many	いくつ

現場の接遇レベルを上げるために大切なこと

1．職員同士のコミュニケーション

コミュニケーションの語源はラテン語のCommunicare（共有する、分かち合う）です。二人以上の人間同士が、意思や感情、情報などを相手に正しく伝え、相手から誤りなくなく受け取り共有することです。

キャッチボールのように、受けたら脚色せずにそのままキャッチし、次は発信者として相手のグローブに向けてボールを投げ返します。

よいコミュニケーションのためには、2つの承認が大切です。

①存在認識

相手の存在自体を認めることです。何かをしなければ認められないのではなく、「いてくれるだけでうれしい」、「あなたは私たち大切な仲間」という気持ちを込めて声がけをすること。

例）挨拶をする、名前を呼ぶ、変化に気づく（観察）、記念日を覚えている、他の人に紹介をする、任せる、役割を与える、相手の話をさえぎらずに聞く。
「おはよう田中さん、髪を切ったのね。似合ってる」

存在承認がないと人間関係が大きく変わります。自分はここにいていいの？　と思いがちになります。自分の中に入ろうと、自分の仕事を抱えて安心な場をつくります。すると、コミュニケーションは取れても、共有は難しくなります。

存在承認は、人と人をつなげるためには絶対不可欠な承認です。上司に気にかけてもらっている、信頼して仕事を任されていると感じられます。人間関係をよくしたいのならば、まず存在承認を意識しましょう。

②成果承認

成果を上げたプロセスに注目して承認します。

例）ほめる、感謝する、評価する、叱る。たとえば、次のようにです。
「やったじゃない！　あなたのおかげでうまくいったわ」

2. 良い職場環境をつくる5つの条件

①ゴール／目的を明確にする

たとえば、上司が部下に指示を出すときは、その目的を確認する必要があります。「わかっているだろう」とか、「指示をただ山のように出す」だけで、部下にゴールが見えないと、仕事ではなく作業をしている気持ちになりかねません。

②情報を共有する

どんな些細なことでも報連相を欠かさない風土をつくりましょう。上司は部下に「報連相をするように」と言いますが、上司から部下も同じです。より多くの情報を持っているのは上司のほうです。情報の共有化は業務を円滑にするだけでなく、早期の問題発見や解決につながり、リスクマネジメントとしても有効です。

③良好な人間関係の風土をつくる

職場の人間関係は、仲良くなるのが目的でなく、業務の成果を上げるために良好であることが求められます。

④公平な評価をする

上司は部下に公平に接することが大切です。先入観を持って接したり、えこひいきをしたり、相手によって態度を変えたりするのは避けましょう。

⑤人が育つ環境をつくる

人が育つ環境とは、「空気・土壌・水」がそろった環境です。空気＝職場の雰囲気、土壌＝仕事内容、水＝情報と知恵です。

なかでも重要なのが空気です。自分の成長も仕事の成果も、本人の能力よりも職場の空気に大きく影響されます。

どんなに有能な人でも、「自分さえよければいい」という空気の職場にいたら、力を発揮できなくなります。逆にスキルが多少いたらなくても、よい空気の職場にいたら自ら努力して成長していきます。

育つためのよい空気とは、次のようなものです。

・悪いことはすぐに改善しようという空気
・良いことはさらに伸ばそうという空気
・かかわる全ての人たちが、より幸せになるために現状の問題を発見しようという空気
・問題が解決されるのを待つのではなく、自ら解決しようとする空気

◆チームワークの重要性

【チームワークの促進要因】	【チームワークの阻害要因】
①挨拶、笑顔、感謝などの事本的マナーが守られている	①信頼関係がない
②メンバー一人ひとりに意欲がある	②コミュニケーションが不足している
③統一された目的があり、明確にされている	③目標がわからない
④リーダーシップが発揮されている	④役割が不明確である
⑤報告・連絡・相談が迅速にかつ正確であり、密におこなわれている	⑤集団で手抜きをする
⑥互いに認め合い、協力し合う姿勢がある	⑥メンバー間の感情的対立がある
⑦話を聞く態度があり、意見が言える雰囲気がある	⑦個人の情報を全員で共有できない
⑧スタッフ同士の気づかいがある	⑧考え方や方針の意思疎通ができない
⑨一人で抱え込まずに相談できる	⑨優先順位がつけられない
⑩相手が受け入れやすい言い方をしている	⑩チーム以外の情報の取入れが欠如している
⑪簡潔な表現をいている	⑪上下関係不適切（または弱すぎる）
⑫客観的な視点からのお互いのアドバイスがある	⑫革新を避ける雰囲気がある
⑬他就職の仕事を理解している	
⑭各自が心身ともに健康で、笑顔でいられるゆとりがある	
⑮メンバーそれぞれが自己啓発している	

サービスの向上と顧客満足

良いチームワークで仕事をすすめることは、サービスの向上と顧客満足につながることを確認して、本章のまとめといたします。

1．良いサービスとは、「相手が求めるものを提供して受け手が満足すること」、そのために必要なことは？

・正しく仕事すること　・優しさ、思いやり、相手に対する親切心があること

思いやりがあっても相手の目的が達せられないようでは、相手は満足しません。逆に、いくら正確な仕事をしても親切心がなければ、相手は満足しません。

2．自分がそうしてほしいように他人にするのがサービスの極意

自分が他人から優しくしてほしかったら、他人に優しくします。これを念頭に置いて接していれば、たいていのことはうまくいきます。本書のテーマである「心からの接遇」は、ここに帰結するわけです。

付録
電話応対のまとめ

電話の受け方など、わかっている、とかんたんに決めつけてはいけません。社会人としては、次のような基本をしっかり覚えておきましょう。

◆電話の受け方（取りつぐ場合）

相手	受け手	注意点
電話が鳴る	【第一声】 「はい、□□××でございます」 （おはようございます／お待たせいたしました）	・メモの用意をする ・ベルが鳴ったらすぐに出る
「私、△△の○○と申します。いつもお世話になっております」	【相手を確認する】 「△△の○○○様でいらっしゃいますね」	・復唱確認する ・相手が名乗らないときは確認する
	【挨拶をする】 「いつもお世話になっております」	・必ず相手の確認ができてから言う
「恐れ入りますが、高田さまはいらっしゃいますか？」	【名指し人を確認する】 「高田でございますね。かしこまりました。少々お持ちくださいませ」	
	【取りつぐ】 「高田さん、△△の○○様からお電話です」	・保留ボタンを押す ・取り次ぐときも丁寧な言葉づかいで

◆電話の受け方（名指し人が不在の場合）

相手	受け手	注意点
電話が鳴る	【第一声】 「はい、□□××でございます」 （おはようございます／お待たせいたしました）	・メモの用意をする ・ベルが鳴ったらすぐに出る
「私、△△の○○と申します。いつもお世話になっております」	【相手を確認する】 「△△の○○○様でいらっしゃいますね」 【挨拶をする】 「いつもお世話になっております」	・復唱確認する
「恐れ入りますが、佐藤さまはいらっしゃいますか？」	【名指し人を確認する】 「佐藤でございますね」 【お詫び、不在の理由】 「申し訳ございません。あいにく佐藤は外出中で、午後3時に戻る予定でございます」 【意向を伺う】 「戻りましたら、お電話を差し上げるようにいたしましょうか？」	・相手に尋ねられる前に予定を知らせる ・行き先は言わない ・処置についてこちらから積極的に意向を伺う
「それでは、お手数ですが、佐藤さまがお戻りになりましたら、私あてに電話をいただけますか」	【電話番号を聞いておく】 「かしこまりました。恐れ入りますが、念のため電話番号をお教えいただけますでしょうか？」	
「はい、03－1234－1111です」	【復唱確認する】 「復唱させていただきます。03－1234－1111 △△の○○○様でいらっしゃいますね」	・メモした内容は必ず復唱する ・電話番号だけでなく、会社名、名前も復唱する

◆電話の受け方（名指し人が不在の場合）

相手	受け手	注意点
「はい」	【処置を確認する】 「かしこまりました。それでは、佐藤が戻り次第、○○様にお電話を差し上げるように申し伝えます」	
「よろしくお願いいたします」	【名乗る】 「はい、かしこまりました。私××が承りました」	・責任の所在を明確にする
「失礼いたします」	【終わりの挨拶】 「失礼いたします」	・相手が切ってから受話器を置く

〈注意点〉

＊受話器をとる前に聞き手でメモを用意してから、もう一方の手で受話器をとる。

＊要件を伺うときはメモを取りながら応答する。

＊不明瞭な点や聞き取れない場合には……。
「恐れ入りますが、もう一度お話いただけますでしょうか」

＊相手の声が聴き取りにくい場合には……。
「恐れ入りますが、お電話が少々遠いようでございますが」

電話応対のまとめ

1．正確——正しく聞いて、正しく伝える

聞き終わったときに50％、一晩眠ったら20％しか記憶は残っていないといわれます。言葉づかい（わかりやすい話し言葉、同音異義語に注意）、発音（語尾まではっきり、ゆっくり）に気をつけましょう。

2．迅速——相手を待たせず素早く対応する

3リンタッチでお待たせしない。電話は相手の状況が見えないので待たされるとイライラします。状況が見えないときに日本人のイライラは、10秒くらい（3リンで経過）から始まるといわれています。取りつぎも素早くしましょう。たらい回しは厳禁です。

3．簡潔——要領よく簡潔に話す

挨拶は手短かに、自分だけでなく相手の時間も使っています。保留は原則30秒です。

電話代もばかになりません。

4．丁寧――丁寧な応対を心がける

礼儀正しい態度、姿勢、感じよく（明るく）、受話器の取り扱いも丁寧にしましょう。「○○が承りました。失礼いたします」と、感じの良い人と思った途端にガチャンと切れたら、なんと失礼な！に印象が変わってしまいます。

「電話応対は、得意です！」と自信を持って言える人は、そう多くはないと思います。しかし、社会生活を営むうえで、避けては通れないものです。

上達への第一歩は、まずは慣れることです。基本的なことを身につけて、相手に「どんな人だろう、すてきだな」と、受話器の向こうで思っていただけるような電話応対を目指しましょう。

本書の刊行に寄せて

高野　登

仕事とは「心と魂」をワクワクさせること

アメリカでの修業時代に、当時の上司からこんなジョークを教えてもらったことがあります。

新聞記者が、ある大手企業の会長に尋ねました。

「御社では何人の人が働いていますか？」

その会長はしばらく考えてこう答えました。

「我が社には約2万人の社員がいるが、さて働いているのはそのうち何人だろう……」

その時の私は単純に笑っていましたが、その後、曲がりなりにも一組織を任された時、その会長の言葉が蘇ってきました。

企業のトップともなれば誰しもが、ドキッとする言葉ではないでしょうか。

「我が社に限っては、社員は皆、毎日、明るく、生き生きと働いている」

こう言い切れるトップは、果たしてどれだけいるでしょうか・・・。

「もしかして、働いていると思い込んでいるだけで、実は・・・」

もしそうであるなら、なぜ社員たちは働かないのでしょう。

ここで考えてみます。最初は、社員は誰だって希望に満ちて入社してくるものです。慣れないながらも、精一杯がんばって、上司に認めてもらおう、取引先から感謝される仕事をしよう、と思っていたはずです。

それが2年経ち、3年も過ぎたころには、あの希望に満ちた笑顔は消え、すっかり精彩を欠いた表情になり、覇気も感じられなくなってしまいます。

なんだかとても残念なことですね。では、原因は彼らにあるのでしょうか。彼らがやる気や知識、スキルを身に付けないからなのでしょうか。

そうではなさそうです。どうやら問題は他にありそうです。

そもそも、仕事において、人が力を発揮するのはどういう時なのでしょうか。

禅の導師の言葉に、「人間の究極の幸せは、人に愛されること、人に褒められること、人の役に立つこと、人から必要とされること」というのがあります。仕事の目的もまた、人を幸せにし、自分も幸せになり、一生涯をかけて成長し続けることにあります。つまり、人が育ち、幸せを感じる環境が整っていれば、誰でも自分から動き、働こうとするものだということです。

究極のところ「人も組織も動かすものではなく、動くもの」だからです。

そうであるならば、世の中の社員が働いていないのは、働きたくなるような仕事環境ではないということになりますね。

にもかかわらずまだ、トップの多くは、社員に問題の責任、原因があるとして、働かない社員を責めます。残念ながら、責任を負うべき相手が違っています。問題は社員にではなく、トップ自身にあるということです。そこに気付き自問してみます。「トップである自分は、本気で社員を愛しているだろうか、褒めているだろうか、彼らが輝く舞台を創っているだろうか、彼らの自己肯定感を高めるための環境を整えているだろうか」

ここから、社員を人財と認め、向き合うための第一歩になります。

さらに、組織にとって不可欠なのは、社員のやる気、本気を、具体的な行動に移す仕組みづくりです。組織のトップが、単に熱く理念やビジョンを語るだけでは、まだ十分とは言えないのです。

世の中には、立派な経営理念やビジョンを掲げながらも、思うような結果を出していない組織がたくさんあります。

では、結果を出す組織と出せない組織との違いはどこにあるのでしょうか。いろいろ考えられますが、一番の理由は、理念やビジョンをただ作っただけで、そこに「心と魂」が込められていないということではないでしょうか。

人間はロボットなどと違い、「心と魂」をもっています。簡単に言えば、仕事とはこの「心と魂」をワクワクさせることです。

そして、そのワクワク感を社員同士が共有することで、自己肯定感とつながり感が高まります。さらに、そのワクワク感がお客様に自然と伝わっていきます。

「いい会社だね。いい組織だね」と言っていただける所以です。これはどんな職種、業態でも例外ではありません。だからトップは、その理念とビジョンを毎日のように語り、さらに行動することで、「心と魂」を込めていきます。

著者の箕輪氏は本書によって、具体的に、この「心と魂」のこもった働き方を、社員個人から組織全体へ、理想的な企業体質にまで昇華するプロセスを示してくれます。

第一章では、「お客様に満足してもらうとはどういうことか」「指示を待つのではなく、自分の頭で工夫するにはどうしたらいいのか」「コンプライアンスと自己管理を意識するには何が必要か」など、具体的な思考法、行動基準が示されています。

そして二章以下では、プロとして身に付けるべきマナー、コミュニケーションの作法、言葉の選び方と使い方、クレームなどに向き合う時の考え方や態度、話を聴くための場づくりや言葉の選び方など、珠玉のノウハウが惜しみなく語られています。

さらには、今回の「改訂新版」では、組織や個人を守るために必須の課題である〈ハラスメント〉について、第四章、第五章において詳しく解説されています。

新人社員はもちろんのこと、社員教育やリーダーシップのスキルアップを計りたい幹部社員にとっても、すぐに役立つ頼もしい指南書といえましょう。

もちろんこれは、著者が以前在籍した医療業界だけではなく、すべての業界、業態にも当てはまるものばかりです。

世の中は今や、労働環境も含めて、競争社会から共創社会へ、労働社会から皆働社会へと大きくシフトしています。多様性の定義も中身もこれまでと大きく変わっています。

いま私たちに必要なのは、変化を受け入れ、柔軟に対応すること、そしてさらに自らが変化を創り出していく想像力と知恵を身に付けること、なのではないでしょうか。

そのためにも本書は皆さんにとって、頼りになる「伴走者（パートナー）」になることを信じて疑いません。

◆参考文献

・『接遇上手　講演録＆対談集』（高橋啓子　著、日総研出版）
・『心が笑顔になる実践型接遇』（高橋啓子　著、日総研出版）
・『患者接遇マナー　基本テキスト』（田中千恵子　編、日本能率協会マネジメントセンター）
・『戸田中央医科グループ　マナー研修テキスト』（箕輪由紀子　編集）
・日本アンガーマネジメント協会「テキスト」２０１８年
・『上手なセルフコントロールでパワハラ防止　自治体職員のためのアンガーマネジメント活用法』（安藤俊介　著（第一法規株式会社）
・『パワハラ防止のためのアンガーマネジメント』（小林浩志　著、東洋経済新聞社）
・『気まずくならない！自己主張の仕方』（森田汐生　著、大和出版）
・厚生労働省　パワーハラスメント対策導入マニュアル
・厚生労働省　カスタマーハラスメント対策企業マニュアル
・労働施策総合推進法

◆著者略歴

箕輪 由紀子（みのわ ゆきこ）

・フェリス女学院大学文学部英文科を中退し、日本航空に入社
　客室乗務員として16年間勤務
　（客室責任者、客室訓練部教官、客室乗務員採用面接官等経験）
・退職後、JALウェイズで契約制客室乗務員として6年半勤務
　その間、3年半新宿の病院で受付として勤務
・2006年10月　戸田中央医科グループ本部人事部に入職（教育研修担当）
　　　　　　　教育研修インストラクターとして13年間勤務
・2007年　・マネージメントサポート
　　　　　「ビジネスマナーインストラクタープロ養成講座」終了
　　　　　・SMBC「新入社員研修社内インストラクター養成講座」終了
　　　　　・日本医療コンシェルジュ研究所認定
　　　　　「スタンダードコンシェルジュ資格」取得
・2008年　・日総研「接遇インストラクター免許皆伝コース」終了
　　　　　・日本コーチ連盟「コーチング入門コース」終了
・2009年　・ワールドカフェ・ファシリテーター養成コース終了
・2011年　・朝日新聞、ベネッセ「語彙・読解力検定準1級」取得
　　　　　・NPO法人日本交流分析協会「交流分析士インストラクター」
・2014年　特定非営利法人アサーティブジャパン
　　　　　アサーティブ・トレーニング基礎講座、応用講座終了
・2015年　NPO法人日本話しことば協会　認定講師資格取得
・2016年　一般社団法人日本アンガーマネジメント協会
　　　　　「アンガーマネジメントファシリテーター」取得
・2019年12月31日　戸田中央医科グループ退職
・2020年より　人とメディケア研究所　代表
・2020年　一般社団法人日本アンガーマネジメント協会
　　　　　「アンガーマネジメントハラスメント防止トレーナー」取得
・2022年3月に医療法人あい友会　あい太田クリニック入職
・2023年3月31日退職
・著書『人間力とホスピタリティを極める　心からの接遇』（ごま書房新社）

●研修実績

戸田中央医科グループ在職中、13年間で研修回数900回以上
参加者約36,000名
戸田中央看護専門学校で「コミュニケーション論」の講義を担当

・日総研看護職向け研修
・日総研介護職向け研修
・東京医科大学病院（全職種対象）
・植草学園大学　理学療法士学科（1年生、2年生）
・長野県上田市信州上田医療センター付属看護学校
・大阪助産師会
・埼玉県助産師会
・虹ヶ丘リハビリテーションセンター
・山口県老人デイケア協議会
・東京都葛飾区あさひ介護センター
・千葉県山武市さんむ医療センター
・品川師匠会病院
・株式会社ダスキン大河原
・長野広域連合
・長野社労士会　北信支部
・長野県下伊那町村会
・ムラヤマ歯科（富山市）
・おざさ医院（茅ケ崎市）
・株式会社ハシモト
・医療法人伯鳳会
・東武商事株式会社
・日本理化学工業株式会社

等々

●実施研修内容

・接遇研修
・新人研修
・コミュニケーション研修
・チームビルディング研修
・リーダー研修
・新人指導者研修
・部下育成、後輩指導研修
・アンガーマネジメント研修
・パワハラ、セクハラ防止研修
・メディカルコーチング研修
・日本のマナー（中国人看護師）
・階層別研修
・卒後3年目研修、5年目研修

等々

〈改訂新版〉
自分の心と気持ちを整えた
心からの接遇

2024年11月2日　初版第１刷発行

著　者　箕輪 由紀子
発行者　池田 雅行
発行所　株式会社 ごま書房新社
〒167-0051
東京都杉並区荻窪4-32-3
AKオギクボビル201
TEL 03-6910-0481（代）
FAX 03-6910-0482
カバーデザイン　（株）オセロ 大谷 治之
DTP　海谷 千加子
印刷・製本　精文堂印刷株式会社

ISBN978-4-341-08863-7 C0030